आर्टिफिशियल इंटेलिजेंस

एक अध्ययन

आर्टिफ़िशियल इंटेलिजेंस

एक अध्ययन

डॉ. सुनील कुमार शर्मा

वाणी बिज़नेस

उद्योग, तकनीक व अनुसंधान को समर्पित उपक्रम

vaniprakashan.com

सजिल्द पहला संस्करण : 2024

वाणी प्रकाशन ग्रुप

वाणी बिज़नेस

4695, 21-ए, दरियागंज, नयी दिल्ली-110 002

फ़ोन : +91 11 23273167, 23275710

शाखाएँ

अशोक राजपथ, पटना-800 004, बिहार

कॉफ़ी हाउस कैम्पस, महात्मा गांधी मार्ग, प्रयागराज-211 001, उत्तर प्रदेश

महात्मा गांधी अन्तरराष्ट्रीय हिन्दी विश्वविद्यालय, वर्धा-442 001, महाराष्ट्र

36/ए, शेक्सपियर सरणी, रानी बिरला गर्ल्स कॉलेज के पास, कोलकाता-700 017, प. बंगाल

sales@vaniprakashan.in
vaniprakashan@gmail.com

Artificial Intelligence : Ek Adhyayan
by Dr. Sunil Kumar Sharma

ISBN : 978-93-5775-557-3
Computer Science/Self-Help

मूल्य : ₹ 400

जी.एस. ऑफ़सेट, दिल्ली-110 095 में मुद्रित

वाणी प्रकाशन का लोगो मक़बूल फ़िदा हुसेन की कूची से

बेहतर कल के लिए

प्रस्तावना

आर्टिफिशियल इंटेलीजेंस बुद्धिमान मशीनों के अध्ययन और विकास के क्षेत्र को संदर्भित करता है। एआई का लक्ष्य मानव व्यवहार और संज्ञानात्मक क्षमताओं वाले कंप्यूटर को विकसित करना है। एआई बहुत से लाभप्रद परिणाम दे सकती है। यह उत्पादकता और प्रदर्शन को बढ़ाने के साथ नवीन कार्यों को सक्षम कर सकती है। एआई प्रौद्योगिकी पिछले दशक की एक निर्णायक तकनीक है और आने वाले समय में भी बहुत से क्रांतिकारी परिवर्तन लाती रहेगी। एआई के अनुप्रयोगों में कंप्यूटर सिस्टम, एक्सपर्ट सिस्टम, कृत्रिम भाषा प्रसंस्करण, फ़जी लोजिक और मशीन विजन जैसे विभिन्न घटक शामिल हैं। वैसे आज हर कोई किसी न किसी तरह से एआई का उपयोग कर रहा है। एआई अनुप्रयोगों की उपयोगिता के चलते एआई का उपयोग अधिक व्यापक होता जा रहा है और इसका प्रभाव जीवन के अधिकतर पहलूओं में देखा जा सकता है। परिणामस्वरुप एआई से स्वास्थ्य देखभाल, वित्त, परिवहन और मनोरंजन जैसे विभिन्न क्षेत्रों में उत्पादकता, प्रभावशीलता और सटीकता को बढ़ाकर समाज को और भी तेजी से बदलाव ला सकती है। फिर भी, एआई की बढ़ती प्रगति और उपयोग ने आर्थिक, सामाजिक, नैतिक और कानूनी दुविधाओं सहित इसके सामाजिक प्रभावों के बारे में कई आशंकाएं पैदा की हैं।

एआई से संबंधित नैतिक आशंकाओं में एआई निर्णय लेने में पूर्वाग्रह, व्यक्तिगत डेटा के उपयोग के संबंध में गोपनीयता और सुरक्षा के मुद्दे और

साइबर हमलों जैसे मुद्दे शामिल हैं। साथ ही सीमित रचनात्मक बड़ी हुई लागत भावनात्मक शून्यता अनुचित निर्भरता गोपनीयता जैसी समस्याओं का भी उल्लेख किया जा रहा है। ए आई अनुप्रयोगों के अंतर्गत मानव और मशीनों के समायोजन के चलते संस्थाओं में मानव संसाधनों में एक नई प्रकार की विविधता आएगी जो अपने साथ नया मनोविज्ञान भी लाएगी जिसके लिएप्रबंधकों को आवश्यक रणनीति भी विकसित करने होगी।

एआई प्रौद्योगिकी की तीव्र प्रगति से विभिन्न अनुप्रयोगों का विकास हो रहा है, जिसके पूर्ण प्रभाव को अभी भी पूरी तरह से समझा जाना बाकी है। वैसे एआई के बारे में अधिकांश प्रचार वैज्ञानिकों, उद्यमियों और शोधकर्ताओं की अत्यधिक और अवास्तविक अपेक्षाओं से उत्पन्न होता है। अतः एआई अनुप्रयोगों की क्षमताओं और उपयोगिता के साथ इन अनुप्रयोगों से से जनित नैतिक, कानूनी और शासन संबंधी चुनौतियों का अध्ययन आवश्यक हो गया है।

यह पुस्तक सहज भाषा में एआई के रोमांचक क्षेत्र के बारे में विस्तृत जानकारी प्रदान करती है। यह एआई की व्यापक समझ प्रदान करने से शुरू होती है तथा एआई के मूलभूत सिद्धांतों और व्यावहारिक उपयोगों का संपूर्ण अवलोकन प्रदान करती है। पुस्तक में क्षेत्र के भीतर प्रमुख उप-विषयों को शामिल किया गया है, जिसमें, मशीन लर्निंग, डीप लर्निंग, प्राकृतिक भाषा प्रसंस्करण, एक्सपर्ट सिस्टम और कंप्यूटर विज़न, और व्यावहारिक अनुप्रयोगों का वर्णन किया गया है। पाठकों को एआई की रोमांचक यात्रा और पड़ाव से भी परिचित कराया गया है। इस में एआई की ऐतिहासिक पृष्ठभूमि, वर्तमान स्थिति और आगामी प्रगति समबन्धित महत्वपूर्ण मुद्दों पर भी विस्तृत चर्चा की गई है। साथ ही एआई के सामने आने वाली चुनौतियों को भी रेखांकित किया

गया है तथा कुछ महत्वपूर्ण चुनौतियों के समाधान भी तलाशने का प्रयास किया गया है। इसके साथ ही पुस्तक एआई प्रौद्योगिकी को जिम्मेदार पारदर्शी और जवाबदेह तरीके से विकसित और उपयोग करने के लिए रिस्पांसिबल आई एवं एथिकल आई की अवधारणा को भी प्रस्तुत करती है। यह एआई की मूलभूत अवधारणाओं, अनुप्रयोगों और सम्बंधित समस्याओं को समझने के लिए व्यापक मार्गदर्शिका का कार्य करेगी।

यह पुस्तक उन सभी के लिए महत्वपूर्ण होगी जो इस आधुनिक तकनीक के बारे में अपनी समझ का विस्तार करने के इच्छुक हैं। छात्र, प्रबंधक, पेशेवर, व्यवसायी और शोधार्थी आज के समय में तेजी से विकसित हो रहे एआई क्षेत्र के बारे में इसको एक संदर्भ के रूप में उपयोग कर सकते हैं।

डॉ सुनील कुमार शर्मा

भूमिका

यह पुस्तक हिंदी समाज के लिए एक अनुपम भेंट है। तकनीक के क्षेत्र का ज्ञान हिंदी भाषा में बहुत विलंब से पहुँचता है और जब पहुँचता है तब विज्ञान और तकनीक की दुनिया कई कदम आगे बढ़ चुकी होती है। ज़ाहिर है कि पिछली सदी की तकनीक का ज्ञान वर्तमान में प्राय: अनुपयोगी ही हो जाता है। इन तथ्य को ध्यान में रख कर यह कहने में संकोच नहीं होना चाहिए कि आर्टिफ़िशियल इंटेलिजेंस जैसे मौजूँ विषय पर हिंदी भाषा में पुस्तक लिख कर लेखक ने हिंदी समाज को समृद्ध किया है। इस पुस्तक के संबंध में दूसरी महत्वपूर्ण बात है इसकी भाषा। तकनीक और विज्ञान की भाषा में पारिभाषिक शब्दों का बहुत ही प्रयोग होता है, जिससे सामान्य पाठक जटिलता का अनुभव करता है। इस पुस्तक में अनिवार्य और अपरिहार्य स्थलों को छोड़कर पारिभाषिक और जटिल तकनीकी शब्दों से परहेज़ किया गया है। यह लेखक की परिपक्वता और विषयगत समझ को रेखांकित करता है। भाषा की सहजता इस पुस्तक की आत्मा है।इस पुस्तक ने उस धारणा को चुनौती दी है कि हिंदी भाषा में विज्ञान और तकनीक के विषयों को समाहित नहीं किया जा सकता है। हिंदी समाज को ऐसी पुस्तक को मुक्त हृदय से अंगीकार करना चाहिए।

आर्टिफ़िशियल इंटेलिजेंस हमारी रोज़मर्रा की चीजों को प्रभावित करता है। हम सब जाने-अनजाने में इससे प्रभावित होते हैं या इसका प्रयोग करते हैं। जीवन-व्यापार को आधार बनाया जाए तो कृत्रिम बुद्धिमत्ता (आर्टिफ़िशियल

इंटेलिजेंस) वस्तुतः वास्तविक बुद्धिमत्ता (रियल इंटेलिजेंस) है। सामान्य और विशिष्ट, सभी जन इससे प्रभावित हैं। यह प्रणाली हमारी समझ और सौंदर्य बोध को भी निर्धारित करने लगी है। इसकी अनदेखी असंभव है। सुनील कुमार शर्मा ने नौ अध्यायों में विभाजित अपनी पुस्तक में आर्टिफ़िशियल इंटेलिजेंस के विविध सोपानों से परिचित कराते हैं। इसमें आर्टिफ़िशियल इंटेलिजेंस के उभार का इतिहास बहुत ही रोचक ढंग से दर्ज किया गया है। इस जटिल विषय की क़िस्सापरक प्रस्तुति ने पुस्तक को पठनीय बनाया है। लेखक ने आर्टिफ़िशियल इंटेलिजेंस की विविध शाखाओं और इसके बहु-विषयी प्रभाव का बहुत बारीकी से उल्लेख किया है।

मानव-निर्मित यह व्यवस्था कई समस्याओं और चुनौतियों को भी लेकर आई है। यह पुस्तक आर्टिफ़िशियल इंटेलिजेंस की सीमाओं और इससे आसन्न संकटों की ओर भी इंगित करती है। इस श्रमसाध्य और समीचीन विषय पर हिंदी भाषा में इस पुस्तक का प्रकाशन स्वागत योग्य है।

सिद्धार्थ शंकर राय
हिंदी विभाग
हरियाणा केंद्रीय विश्वविद्यालय

अनुक्रम

आर्टिफिशियल इंटेलिजेंसः परिचय

आधुनिक समय में, हमारे जीवन के लगभग हर पहलू में विभिन्न उन्नत नई तकनीकों का एकीकरण और उनक व्यवहारिक अनुप्रयोग बहुत तेजी से बढ़ रहा है। आधुनिक तकनीकों जैसे हाई-स्पीड इंटरनेट, स्मार्टफोन का व्यापक रूप से अपनाया जाना, IoT डिवाइस, स्मार्ट हेल्थकेयर, डिजिटल शिक्षा संसाधन, वर्चुअल स्ट्रीमिंग प्लेटफॉर्म, क्लाउड-आधारित बिजनेस जैसी तकनीकों ने आज के आधुनिक मानव समाज में संचार और कनेक्टिविटी को बहुत बढ़ा दिया है। इन्हीं उभरती हुई उन्नत प्रौद्योगिकियों में से एक आर्टिफिशियल इंटेलिजेंस (एआई) है जो आधुनिक प्रौद्योगिकी में एक परिवर्तनकारी शक्ति के रूप में उभरी है, जो अभूतपूर्व तरीकों से उद्योगों, व्यवसायों और समाजों को नया आकार दे रही है।

एआई मानव जीवन के विभिन्न पहलुओं, आर्थिक, व्यावसायिक और मनोरंजक गतिविधियों को नया आकार देने में अपनी परिवर्तनकारी क्षमता के चलते एक विशेष महत्व रखती है। वर्तमान में ऐसा देखा जा रहा है - व्यवसायों तथा उद्यमों में स्वचालित तंत्रों का अनुप्रयोग पारंपरिक रूप से श्रमिकों द्वारा किए जाने वाले विभिन्न कार्यों को सुव्यवस्थित रूप में कुशलता से किया जा रहा है। एआई में वृहद् डेटा सेट का विश्लेषण करने की क्षमता है, जिससे व्यावसायिक संगठनों को अपने संचालन में अंतर्दृष्टि प्राप्त करने में मदद मिलती है। इसके चलते एआई विभिन्न क्षेत्रों में मानव क्षमताओं की तुलना में बेहतर प्रदर्शन प्रदर्शित

कर सकता है। दरअसल एआई प्रौद्योगिकियां अपनी दक्षता और सटीकता के लिए जानी जाती हैं, खासकर उन गतिविधियों में जिनमें बार-बार और विस्तार-उन्मुख कार्य शामिल होते हैं। साथ ही इसका अनुप्रयोग ग्राहक सेवा, व्यापार, चिकित्सा और स्वास्थ्य देख भाल एवं गुणवत्ता नियंत्रण जैसे नए क्षेत्रों में भी हो रहा है। जेनेरिक एआई टूल्स की बढ़ती आबादी का महत्व शिक्षा, विपणन और उत्पाद डिजाइन सहित कई डोमेन पर पर्याप्त प्रभाव डालने के लिए तैयार है। एआई को व्यापक रूप से एक आकर्षक और सार्वभौमिक नवाचार माना जाता है। मूल रूप से एआई को मशीनों में मानव-समान व्यवहार और कार्यक्षमता का अनुकरण करने के लिए डिज़ाइन किया गया है। आर्टिफिशियल इंटेलिजेंस (एआई) एक शब्द है जो दो अलग-अलग घटकों- आर्टिफिशियल (कृत्रिम) और इंटेलिजेंस (बुद्धि") से बना है। कृत्रिम, मनुष्यों द्वारा बनाई गई किसी वस्तु को दर्शाता है और "बुद्धि", संज्ञानात्मक प्रक्रियाओं की क्षमता को संदर्भित करता है। परिणाम स्वरुप एआई को मानव निर्मित संज्ञानात्मक क्षमताओं के निर्माण के रूप में समझा जा सकता है।

तकनीकी आविष्कारों ने सामाजिक और आर्थिक प्रगति के विस्तार के लिए प्राथमिक उत्प्रेरक के रूप में कार्य किया है। पहली औद्योगिक क्रांति के दौरान पानी और भाप की शक्ति का उपयोग उत्पादन को यंत्रीकृत करने के लिए किया गया जिससे कोयला, लोहा, रेलमार्ग और वस्त्र उद्योग का विस्तार हुआ। साथ ही उद्योगों में सबसे बड़ा परिवर्तन मशीनीकरण के रूप में हुआ। भाप इंजन, बिजली और आंतरिक दहन इंजन को शामिल करने वाली प्रौद्योगिकियों को सामान्य प्रयोजन प्रौद्योगिकियों की श्रेणी में रखा जा सकता है। अर्थशास्त्रियों के अनुसार ये सामान्य प्रयोजन काऔद्योगिक और आर्थिक विकास मं विशेष महत्व है। इनमें से प्रत्येक उत्प्रेरक घटना के परिणामस्वरूप संबंधित प्रगति

और संभावनाओं की एक श्रृंखला उत्पन्न हुई। दूसरी औद्योगिक क्रांति के समय इंटरनल कमवश्चन इंजन (आंतरिक दहन इंजन) विकसित हुआ। आंतरिक दहन इंजन के परिणामस्वरूप परिवहन के विभिन्न साधनों जैसे वाहन, ट्रक और हवाई जहाज का विकास हुआ। साथ ही साथ ऊर्जा के नए स्रोत- बिजली, गैस और तेल का उद्भव हुआ। इसके पश्चात इलेक्ट्रॉनिक्स, दूरसंचार, कंप्यूटर और सूचना प्रौद्योगिकियां विकसित हुई जिनका उपयोग उत्पादन को स्वचालित करने के लिए किया गया। इन सभी तकनीकी आविष्कारों का सामजिक, आर्थिक एवं औद्योगिक जगत पर महत्वपूर्ण प्रभाव पड़ा तथा रणनीतिक प्रतिस्पर्धात्मक लाभ प्राप्त करने के लिए औद्योगिक उद्यम में नालेज (ज्ञान) एक महत्वपूर्ण इनपुट बन गया है। इसी सन्दर्भ में एआई विशेष रूप से इसका घटक मशीन लर्निंग (एमएल), को अक्सर हमारे समकालीन समय की सबसे महत्वपूर्ण तकनीक माना जाती है। यह विभिन्न कार्यों के सफलतापूर्वक निष्पादन में स्पष्ट मानवीय मार्गदर्शन के बिना, स्वायत्त रूप से अपने प्रदर्शन को बढ़ाने के लिए मशीनों की क्षमता को संदर्भित करता है। हाल के वर्षों में, एआई के क्षेत्र में महत्वपूर्ण प्रगति देखी गई है, जिसके परिणामस्वरूप इसकी प्रभावकारिता और पहुंच में वृद्धि हुई है। अब ऐसी स्वायत्त प्रणालियाँ विकसित करना संभव है जिनमें सीखने के माध्यम से कार्य कुशलता हासिल करने की क्षमता हो। ऐसा माना जा रहा है कि व्यवसाय के क्षेत्र में, एआई का गहरा और परिवर्तनकारी प्रभाव होगा, जो पिछली सामान्य-प्रयोजन प्रौद्योगिकियों की तुलना में बहुत ज्यादा होगा। एआई प्रोद्योगिकी ने नई आपूर्ति श्रृंखलाओं की स्थापना को भी प्रभावित किया है: वॉलमार्ट, यूपीएस और उबेर जैसी विभिन्न कंपनियों ने आकर्षक और नवीन व्यावसायिक रणनीतियों को विकसित करने के लिए प्रौद्योगिकी का सफलतापूर्वक उपयोग किया है। वैश्विक स्तर पर कई कंपनियों द्वारा इसे व्यापक रूप से अपनाया जा रहा है हालाँकि अभी

भी इसके अधिकाँश संभावित अनुप्रयोगों का लाभ उठाना बाकी है। आगामी दशक में कृत्रिम बुद्धिमत्ता (एआई) के प्रभावों में उल्लेखनीय वृद्धि होगी। विभिन्न उद्योगों की मूलभूत प्रक्रियाओं और उनके व्यवसाय मॉडल के प्रत्याशित परिवर्तन हो सकते हैं। विभिन्न क्षेत्र जैसे विनिर्माण, खुदरा बिक्री, परिवहन, वित्त, स्वास्थ्य देखभाल, कानून, विज्ञापन, बीमा, मनोरंजन और शिक्षा में एआई की क्षमता का लाभ उठाया जा सकता है। एआई, वर्तमान में, नियम-आधारित सिस्टम से मशीन लर्निंग में परिवर्तित हो रहा है जिसके चलते एआई संचालित सिस्टम अपने प्रदर्शन को बढ़ाने में सक्षम हो चुके हैं। नतीजतन, एआई अपनी क्षमताओं की सीमा का विभिन्न दिशाओं में बहुत तेजी से विस्तार कर रही है। कई अन्य उभरती प्रौद्योगिकियों के समान, एआई ने ढेर सारी अव्यावहारिक आशाएँ को जन्म दिया है। हालाँकि एआई प्रोद्योगिकी के बढ़ते महत्त्व और अनुप्रयोग विस्तार के बावजूद हमारे दैनिक जीवन में एआई का बढ़ता समावेश बहुत सी समस्याएं, नैतिक चुनौतियां और सामाजिक आशंकाएं जन्म ले रही हैं।

इस पुस्तक का मुख्य उद्देश्य एआई के मूलभूत तत्व तथा एआई की वास्तविक क्षमताओं, इसके व्यावहारिक प्रभावों और व्यापक कार्यान्वयन में बाधा बनने वाली समस्याओं का व्यापक विश्लेषण प्रदान करना है। साथ ही यह उन तथ्यों को भी उजागर करती है जो एआई की पिछली पचास वर्षों की यात्रा में और संबंधित कार्य के दौरान उभर कर आये हैं। एआई की क्षमताओं के साथ सामाजिक आशंकाओं पर भी चर्चा की गई है। इन समस्याओं और आशंकाओं को दूर करने के लिए संस्थानों, उद्योगों, शोधकर्ताओं और समाज के बीच निरंतर सहयोग की आवश्यकता को भी रेखांकित करती है। इस सन्दर्भ में एथिकल एआई और रिस्पॉन्सिबल एआई की अवधारणाओं के अनुपालन हेतु आवश्यक जान कारी प्रदान करती है।

परिभाषा और दार्शनिक आधार

एआई अर्थात कृत्रिम बुद्धिमत्ता को मानव सम्बन्धी संज्ञानात्मक प्रक्रियाओं का मशीनों की सहायता द्वारा अनुकरण करने से संदर्भित किया जाता है। एआई को कंप्यूटर द्वारा नियंत्रित उन बुद्धिमान मशीनों या रोबोट के अध्ययन के रूप में भी परिभाषित किया जा सकता है जो अपने अनुभव से सीखते हैं, धारणाएं बनाते हैं और कार्य करते हैं। यह मशीनों की उन विशेषताओं जैसे धारणा, समस्या समाधान, निर्णय लेना और योजना, सीखना और अनुकूलन,को प्रदर्शित करती हैं जिन्हें हम मानव व्यवहार में बुद्धिमत्ता से जोड़ते हैं। ऐसे कार्य आमतौर पर मानव द्वारा किये जाते हैं तथा इन के सफलतापूर्वक निष्पादन हेतु मानव बुद्धि की आवश्यकता होती है। वास्तव में कई प्रमुख और समृद्ध संस्थाओं में एआई ने एक महत्वपूर्ण भूमिका निभाई है। इसमें अल्फाबेट, गूगल, ऐप्पल, माइक्रोसॉफ्ट और मेटा इत्यादि शामिल हैं, जहां परिचालन दक्षता बढ़ाने और प्रतिद्वंद्वियों पर प्रतिस्पर्धात्मक बढ़त हासिल करने के लिए एआई प्रौद्योगिकियों का व्यपक रूप से उपयोग किया जाता है।

स्टुअर्ट रसेल और पीटर नॉरविग, अपनी पुस्तक आर्टिफिशियल इंटेलिजेंस: ए मॉडर्न अप्रोच (पियर्सन, 1995) में, एआई को "बुद्धिमान एजेंट की डिजाइनिंग और निर्माण" के रूप में परिभाषित करते हैं जो अपने वातावरण से अवधारणाएँ प्राप्त करते हैं तथा वातावरण को प्रभावित करने वाले कार्य करते हैं।" इससे यह बात स्पष्ट होतीहै किएआई और सामान्य सॉफ्टवेर प्रयोजन के बीच महत्वपूर्ण अंतर 'एक्शन (कार्य करने)' में है। एआई मशीनों को वातावरण से मिलाने वाले विभिन्न सिग्नलों पर स्वयं प्रतिक्रिया देने में सक्षम बनाता है हालाँकि इन संकेतों को प्रोग्रामर नियंत्रण नहीं कर सकते और इसलिए इनका सटीक पूर्वानुमान नहीं लगाया जा सकता।

एआई को मानव व्यवहार, संज्ञानात्मक प्रक्रियाओं और निर्णय लेने की क्षमता का अनुकरण करने की क्षमता वाली बुद्धिमान मशीनों को निर्मित करने के लिए कंप्यूटर विज्ञान की शाखा के रूप में देखा जा सकता है। अर्थात जब किसी मशीन में सीखने, तर्क करने और समस्या सुलझाने जैसी मानव जैसी क्षमताएं होती हैं तब ही उसे आर्टिफिशियल इंटेलिजेंट मशीन कह सकते हैं। एआई के बारे में विशेष तथ्य यह है कि यह प्रत्येक कार्य के लिए मशीन में मैन्युअल रूप से प्रोग्रामिंग करने की आवश्यकता को समाप्त कर देता है। इसके बजाय, एआई की क्षमताओं का प्रयोग करते हुए एल्गोरिदमिक सरंचना पर कार्य करने वाली - बुद्धिमान मशीनें विकसित कर सकते हैं। यह आंतरिक लचीलापन एआई की उपयोगिता को दर्शाता है।

हौगलैंड (1985) के अनुसार एआई को कंप्यूटर को सोचने में सक्षम बनाने का रोमांचक नया प्रयास ...(पूर्ण और शाब्दिक अर्थ में दिमाग वाली मशीनें) के रूप में परिभाषित किया जा सकता है। चार्नियाक और मैक्डरमोट (1985) इसे "कम्प्यूटेशनल मॉडल के उपयोग के माध्यम से मानसिक क्षमताओं का अध्ययन में संदर्भित करते हैं। बेलमैन (1978) भी इसे गतिविधियाँ (जिन्हें हम मानवीय सोच से जोड़ते हैं, निर्णय लेने, समस्या सुलझाने, सीखने जैसी गतिविधियाँ) के स्वचालन के प्रयास में वर्णित करते हैं। इसी क्रम में विंस्टन (1992) एआई को गणनाओं का अध्ययन (जो समझना, तर्क करना और कार्य करना संभव बनाता है) के रूप में परिभाषित करते हैं। कुर्जवील (1990) एआई को बुद्धिमान मशीन बनाने की कला में संदर्भित किया है , उनके अनुसार " यह ऐसी मशीनें बनाने की कला है जो ऐसे कार्य करती है जिन्हें लोगों द्वारा किए जाने पर बुद्धि की आवश्यकता होती है। पूले एट अल., (1998) के शब्दों में यह कम्प्यूटेशनल इंटेलिजेंस बुद्धिमान एजेंटों के डिजाइन का अध्ययन है। रिच एंड नाइट (1991)

के अनुसार कंप्यूटर को ऐसे काम करने के लिए जिसमें फिलहाल, लोग बेहतर हैं ... कैसे तैयार किया, इस पर अध्ययन को एआई कहा जा सकता है।

उपरोक्त परिभाषाएँ के अवलोकन से दो महत्वपूर्ण विशेषताओं उभर कर सामने आती हैं। पहली विशेषता मानव प्रदर्शन और क्षमताओं से सम्बंधित है और दूसरी आदर्श प्रदर्शन माप को इंगित करती है जिसे रेशनल्टी (तर्कसंगतता) कहा जाता है। रेशनल्टी का पर्याय एक प्रणाली तर्कसंगत है यदि वह "सही काम" करती है। दरअसलमानव प्रदर्शन -केंद्रित दृष्टिकोण में मानव व्यवहार के बारे में अवलोकन और परिकल्पनाएं शामिल होनी चाहिए जबकि तर्कवादी दृष्टिकोण में गणित और इंजीनियरिंग का संयोजन शामिल होता है। इस सन्दर्भ में स्टुअर्ट रसेल और नौरविग ने इन दृष्टिकोणों को मुख्य रूप से चार श्रेणियों में वर्गीकृत किया है, मानवीय ढंग से कार्य करना, मानवीय ढंग से सोचना, तर्कसंगत ढंग से सोचना और तर्कसंगत ढंग से कार्य करना। इन चार दृष्टिकोणों का नीचे अधिक विस्तार से वर्णन किया गया है:

मानवीय ढंग से सोचना (Thinking humanly) **:** सबसे पहले, एआई एक ऐसी प्रणाली है जो मानव की तरह सोच सकती है। मानवीय ढंग से सोचने का अर्थ है संज्ञानात्मक मॉडलिंग। इसे के लिए हमें मानव मन की वास्तविक कार्यप्रणाली के अंदर जाने की जरूरत है। इसे तीन अलग-अलग तरीकों से प्राप्त किया जा सकता है: आत्मनिरीक्षण के माध्यम से - यानी अपने विचारों को पकड़ने की कोशिश करना, या मनोवैज्ञानिक प्रयोगों के माध्यम से दूसरे शब्दों में इसे किसी व्यक्ति को कार्य करते हुए देखना; या हम इसे मस्तिष्क इमेजिंग के माध्यम से मस्तिष्क की क्रिया को देखकरकर सकते हैं।

मानवीय ढंग से कार्य करना (Acting humanly) **:** एआई को मानव की तरह काम करने के रूप में भी देखा जा सकता है। इस सन्दर्भ में ट्यूरिंग परीक्षण के बारे में जानना आवश्यक है जिसमें मनुष्यों में से एक प्रश्नकर्ता बन

सिस्टम और वास्तविक मानव दोनों से एक ही प्रश्न पूछेगा। यदि सिस्टम उसी तरह प्रतिक्रिया करता है जैसे मनुष्य करते हैं, तो हम मान सकते हैं कि सिस्टम एक एआई है।

ब्रिटिश गणितज्ञ और कंप्यूटर वैज्ञानिक एलन ट्यूरिंग द्वारा 1950 में प्रस्तावित ट्यूरिंग टेस्ट, मानव जैसी बुद्धि प्रदर्शित करने की मशीन की क्षमता का एक मापदंड है। इस परीक्षण को प्राकृतिक भाषा में बातचीत करने की मशीन की क्षमता का मूल्यांकन करने के लिए डिज़ाइन किया गया है। ट्यूरिंग टेस्ट निम्न विधि के माध्यम से कार्य करता है:

- सेटअप: परीक्षण में तीन प्रतिभागी शामिल होते हैं - एक मानव मूल्यांकनकर्ता, एक मानव प्रतिवादी (पूछताछकर्ता), और एक मशीन प्रतिभागी (एआई)। मूल्यांकनकर्ता का कार्य यह निर्धारित करना है कि दोनों उत्तरदाताओं में से कौन मानव है और कौन मशीन है।
- इंटरेक्शन: मूल्यांकनकर्ता (बिना यह जाने कि कौन सा मानव है) मानव और मशीन दोनों के साथ पाठ-आधारित बातचीत में संलग्न होता है। बातचीत में विषयों की एक विस्तृत श्रृंखला शामिल होती है जिसका उद्देश्य एक स्वाभाविक बातचीत का अनुकरण करना है।
- लक्ष्य: यदि मूल्यांकनकर्ता लगातार बातचीत की सामग्री के आधार पर मशीन की प्रतिक्रियाओं और मानव की प्रतिक्रियाओं के बीच अंतर नहीं कर पाता है, तो कहा जाता है कि मशीन ने ट्यूरिंग टेस्ट पास कर लिया है। दूसरे शब्दों में, यदि मशीन की प्रतिक्रियाएँ मानव की प्रतिक्रियाओं से अप्रभेद्य हैं, तो यह उच्च स्तर की संवादात्मक बुद्धिमत्ता को प्रदर्शित करती है।

ट्यूरिंग टेस्ट को अक्सर मानव-स्तरीय एआई के लिए एक बेंचमार्क के रूप में उद्धृत किया जाता है, लेकिन इस सन्दर्भ में आलोचकों का तर्क है कि मानवीय

वार्तालाप की नकल करने की क्षमता आवश्यक रूप से सच्ची समझ या चेतना का संकेत नहीं देती है। बहरहाल, ट्यूरिंग टेस्ट एआई और दर्शन में एक महत्वपूर्ण अवधारणा बनी हुई है, जो बुद्धि और मशीन चेतना की प्रकृति के बारे में निर्णय लेने और सम्बंधित चर्चा को प्रभावित करती है।

तर्कसंगत ढंग से सोचना (Thinking Rationaly) : इस दृष्टिकोण के अनुसार एआई एक ऐसी प्रणाली है जो तर्कसंगत रूप से सोचती है। तर्कसंगत का अर्थ है कि वह जो जानता है उसे देखते हुए वह सही काम करता है। यहां हम तर्कों का उपयोग करके विचार दृष्टिकोण के नियमों का उपयोग करते हैं। इस विषय में अरस्तू के तर्क सिद्धांतो को संदर्भित करना जरूरी है जो तर्क संरचनाओं के लिए पैटर्न प्रदान करते हैं जो सही धारणा के साथ सही निष्कर्ष निकालते हैं।

तर्कसंगत ढंग से कार्य करना (Acting Rationaly) : यद्यपि सभी कंप्यूटर प्रोग्राम कुछ न कुछ करते हैं, लेकिन एआई सक्षम कंप्यूटर एजेंटों से और अधिक करने की अपेक्षा की जाती है जैसे स्वायत्त रूप से काम करना, अपने वातावरण को समझना, परिवर्तन के अनुकूल होना, और लक्ष्य बनाना और प्राप्त करना। एक तर्कसंगत एजेंट वह होता है जो सर्वोत्तम परिणाम प्राप्त करने के लिए कार्य करता है या, जब अनिश्चितता होती है, तो सर्वोत्तम अपेक्षित परिणाम प्राप्त करता है। दरअसल एआई विज्ञान और इंजीनियरिंग के दोनों क्षेत्रों से ही संबंधित है। एआई के अध्ययन का प्राथमिक वैज्ञानिक उद्देश्य उन अंतर्निहित सिद्धांतों को समझना है जो लोगों, संस्थाओं और प्रक्रियाओं में कृत्रिम बुद्धिमान व्यवहार की सुविधा प्रदान करते हैं। उपरोक्त परिभाषाएं यह भी दर्शाती है कि इसका उद्देश्य विभिन्न इंजीनियरिंग उद्देश्यों के साथ संरेखित है, जिसमें बुद्धिमान मशीनों (एजेंटों) की उन्नति, ज्ञान का औपचारिककरण, मानव गतिविधियों के विभिन्न डोमेन में तर्क का मशीनीकरण, और उपयोगकर्ता के अनुकूल मानव-मशीन प्रणालियों

का विकास शामिल है। अतः एआई के क्षेत्र में विभिन्न कंप्यूटिंग विषयों, गणित, भाषा विज्ञान, मनोविज्ञान, तंत्रिका विज्ञान, मैकेनिकल इंजीनियरिंग, सांख्यिकी, अर्थशास्त्र, नियंत्रण सिद्धांत, साइबरनेटिक्स, दर्शन और अन्य संबंधित डोमेन सहित अंतःविषय क्षेत्रों की एक विस्तृत श्रृंखला शामिल है। इन संबंधित क्षेत्रों से कई अवधारणाओं और पद्धतियों को एआई शोधार्थियों ने आत्मसात किया है और इन क्षेत्रों में उल्लेखनीय योगदान भी दिया है। अधिकांश एआई प्रणालियाँ जटिल अनुप्रयोगों के भीतर अभिन्न घटकों के रूप में डिज़ाइन की गई हैं। ये सिस्टम विभिन्न माध्यमों से इन अनुप्रयोगों में बुद्धिमत्ता प्रदत्त करते हैं, जैसे ज्ञान के साथ तर्क की सुविधा देना, प्राकृतिक भाषा को संसाधित करना, या सीखने की प्रक्रियाओं के माध्यम से अधिग्रहण और समायोजन करना।

आर्टिफिशियल इंटेलिजेंस कंप्यूटर विज्ञान का मात्र एक उपसमुच्चय नहीं है वरन इसमें कई विषयों के तालमेल की आवश्यकता वाला एक व्यापक परिदृश्य शामिल है। जैसा कि चित्र-1 में दर्शाया गया है यह बहुआयामी ढांचा एआई तैयार करने के लिए विविध प्रकार के घटकों जैसे गणित, सामाजिक विज्ञान, मनोविज्ञान, जीवविज्ञान, कंप्यूटर विज्ञान, दर्शनशास्त्र, तंत्रिका विज्ञान, इंजीनियरिंग, सांख्यिकी, अर्थशास्त्र, नियंत्रण सिद्धांत तथा साइबरनेटिक्स सम्मिलित है।

हालाँकि, मौजूदा एआई एजेंटों में सभी घटक शामिल नहीं होते हैं उदाहरण के तौर पर एक स्वचालित एजेंट इंटरनेट सेवा प्रदाता के प्रतिनिधि के रूप में कार्य करते हुए एक उपयोगकर्ता के साथ बातचीत कर सकता है तथा उसे अपने इंटरनेट कनेक्टिविटी से संबंधित मुद्दों को हल करने के लिए चरण-दर-चरण निर्देश प्रदान करेगा। यद्यपि एजेंट के पास परिष्कृत बोलने, प्राकृतिक भाषा और तर्क करने की क्षमता है, लेकिन उसके पास दृश्य से सीखने की क्षमताएँ नहीं हो

सकती है। सरल शब्दों में इसे ऐसे भी समझा जा सकता है - किसी डेटा बेस में प्राकृतिक भाषा इंटरफ़ेस में केवल प्राकृतिक भाषा की प्रसंस्करण क्षमताएं हो सकती है जबकि चेहरा पहचान सम्बंधित एआई प्रणाली में केवल दृश्य धारणा क्षमताएं हो सकती हैं।

एआई की क्षमताओं का विकास निरंतर जारी है और इसी के चलते विभिन्न विषयों की जानकारी का प्रयोग इसमें होता रहा है। परिणामस्वरुप ए आई का दायरा बढ़ता ही जा रहा है। इतिहास के पन्नों को उलटने से पता चलता है कि दरअसल "कृत्रिम बुद्धिमत्ता" की अवधारणा को सर्वप्रथम 1955 में डार्टमाउथ कॉलेज के एक प्रतिष्ठित गणित प्रोफेसर जॉन मैक्कार्थी द्वारा प्रस्तावित किया था। उस के बाद से, यह क्षेत्र कई असाधारण दावों और प्रतिबद्धताओं के चलते चर्चाओं का विषय रहा जैसे 1957 में अर्थशास्त्री हर्बर्ट साइमन ने यह अनुमान लगाया कि कंप्यूटर एक दशक के भीतर शतरंज में मानव क्षमताओं को पार कर जाएगा। 1967 में, एक प्रमुख संज्ञानात्मक वैज्ञानिक, मार्विन मिंस्की ने

अपना विश्वास व्यक्त किया कि "कृत्रिम बुद्धिमत्ता" विकसित करने की चुनौती को एक ही पीढ़ी के भीतर महत्वपूर्ण रूप से संबोधित किया जाएगा। साइमन और मिंस्की, बौद्धिक क्षेत्र की दो प्रमुख हस्तियां थी लेकिन उनके अनुमान समय की कसौटी पर खरे नहीं उतरे। अतः भविष्य में भी इसकी प्रगति का अनुमान पूर्ण सटीकता से नहीं लगाया जा सकता है लेकिन इसकी प्रगति यात्रा रोमांचक रही है जिसका वर्णन आगे के अध्यायों में किया गया है।

आर्टिफिशियल इंटेलिजेंसः अंतर्निहित औचित्य

एआई के क्षेत्र में आगे जानने से पहले, एआई के महत्व और इस क्षेत्र में ज्ञान प्राप्त करने के अंतर्निहित औचित्य को समझना भी महत्वपूर्ण है। ऐसे कई मूलभूत कारक हैं जो एआई की शिक्षा और शोध के महत्व को दर्शाते है जिनका वर्णन नीचे किया गया है—

व्यावहारिक समस्याओं को हल करना: एआई हमारे वास्तविक जीवन की बहुत सी चुनौतियों का समाधान करने के लिए एक व्यवहार्य समाधान के रूप में विकसित हुई है। इसलिए यह शोध और भविष्य में प्रगति के लिए एक महत्त्वपूर्ण विकल्प है। दरअसल एआई सक्षम उपकरण और कार्यप्रणाली की मदद से आज हम विभिन्न प्रकार की समस्याओं और बाधाओं के प्रभावी हल खोजे जा सकते हैं। यहाँ इस तथ्य को भी रेखांकित करना आवश्यक है कि एआई का उपयोग स्वास्थ्य देखभाल, जलवायु मॉडलिंग, वित्त और शहरी नियोजन जैसे कई डोमेन फायदेमंद साबित हो रहे हैं। एआई के प्रयोग से बड़ी मात्रा में डेटा का कुशलतापूर्वक विश्लेषण करने, पैटर्न का पता लगाने और सूचित पूर्वानुमान लगाने की क्षमता हमें मूल्यवान अंतर्दृष्टि खोजने में सशक्त बनाती है। कृत्रिम बुद्धिमत्ता के उपयोग के माध्यम से, हम जटिल घटनाओं को समझने,

व्यापक प्रवृत्ति विश्लेषण करने और उन उत्तरों को और हल को ढूंढने में सक्षम हैं जो पहले मुश्किल था। समकालीन समय की विभिन्न चुनौतियों को डिकोड करने तथा दक्षता से उनको संबोधित करने की एआई की क्षमता उद्यमियों, अकादेमिसियन और शोधार्थियों को आकृष्ट करती है।

डिजिटल सहायक: एआई को अपनाने का एक अनिवार्य कारण व्यक्तिगत आभासी सहायक बनाने की इसकी क्षमता में निहित है। एआई एल्गोरिदम द्वारा समर्थित ये डिजिटल सहायक प्रौद्योगिकी के साथ बातचीत करने और हमारे दैनिक जीवन को प्रबंधित करने के तरीके को बहुत हद तक बदल सकते हैं। सिरी, गूगल असिस्टेंट और एलेक्सा जैसे बहुत से एआई-संचालित वर्चुअल असिस्टेंट हमारी दैनिक दिनचर्या के अपरिहार्य घटक बन गए हैं। इन सहायकों में प्राकृतिक भाषाओं के माध्यम से प्रक्रियाओं को अनुकूलित करने, सवालों का जवाब देने, अनुस्मारक स्थापित करने और मनोरंजन प्रदान करने जैसी क्षमता होती हैं। मानवीय अंतःक्रियाओं में प्रौद्योगिकी का एकीकरण हमारी दैनिक दिनचर्या में अतिरिक्त सुविधा और प्रभावशीलता प्रदान करता है। इन बुद्धिमान सहायकों के एकीकरण से व्यवहारिक जीवन में हमें शेड्यूलिंग, जोखिम प्रबंधन, शोध, स्वास्थ देखभाल जैसे कार्यों में सहायता करने की क्षमता मिलती है। ऐसा कहा जा सकता है कि एआई की प्रगति के साथ इन आभासी साथियों के लिए ज्ञान प्राप्त करने, सनास्याओं का प्रभावी हल खोजने और व्यक्तिगत प्राथमिकताओं को समायोजित करने की क्षमता का विस्तार होगा।

रोबोटिक्स क्षमता: रोबोटिक्स के क्षेत्र में क्रांति लाने के लिए एआई का विशेष योगदान है। एआई से संचालित रोबोट कई क्षेत्रों में आमूलचूल परिवर्तन लाने, श्रम बाजारों को बदलने और अभूतपूर्व तरीके से हमारी

प्रतिभा को बढ़ाने की क्षमता रखते हैं। कृत्रिम बुद्धिमत्ता एल्गोरिदम से लैस ये रोबोट स्वतंत्र रूप से कार्यों को निष्पादित करने तथा अपने अनुभवों से ज्ञान प्राप्त करने की क्षमता रखते हैं और बदलती परिस्थितियों के अनुरूप अपने व्यवहार को समायोजित भी कर सकते हैं। एआई-संचालित रोबोट विनिर्माण, स्वास्थ्य देखभाल, अन्वेषण और आपदा प्रतिक्रिया जैसे विभिन्न उद्योगों में उल्लेखनीय सटीकता, दक्षता और सुरक्षा का प्रदर्शन करते हुए देखे जा सकते हैं। एआई तकनीक के माध्यम से रोबोटों को मानव सहकर्मी के साथ कोलेबोराटिव (सहकारी) कार्यों में संलग्न होने की सामर्थ्य प्रदान करता है। जिससे उच्च जोखिम वाले कार्यों को सुरक्षापूर्वक ढंग से निष्पादित कर संभावित खतरों को कम किया जा सकेगा। भविष्य में कृत्रिम बुद्धिमत्ता की क्षमताओं के साथ इन रोबोटिक प्रणालियों की जटिलता भी बढ़ेगी और यह प्रौद्योगिकी के साथ हमारे संबंधों को फिर से परिभाषित कर सकता है तथा मशीनों की संभावित क्षमताओं के क्षितिज का भी विस्तार करेगा।

नए प्रगति पथ तलाशना: एआई स्वास्थ्य देखभाल और वित्त से लेकर मनोरंजन और वैज्ञानिक अनुसंधान तक विभिन्न क्षेत्रों में नवीन अवसरों को आकार देने में सबसे आगे है। अतः एआई को मानव जीवन में प्रगति के लिए अपनाने के सन्दर्भ में यह नई खोज की यात्रा शुरू करने जैसा कहा जा सकता है।

एआई की क्षमताओं का लाभ उठाकर, उद्योग अपने विशाल डेटासेट से छिपी हुई अंतर्दृष्टि को जान सकते हैं तथा इस के माध्यम से अपनी प्रक्रियाओं को दक्ष बना सकते हैं और उन तरीकों से नवाचार कर सकते हैं जो पहले संभव नहीं था। ये एल्गोरिदम पैटर्न और रुझानों का पता लगा सकते हैं तथा सटीकता से अनुमान लगा सकते है और रणनीतिक निर्णयों के लिए आवश्यक जानकारी प्रदान भी करा सकते है। यह कहा जा सकता है कि मानव बुद्धि और मशीन

लर्निंग के सफल समन्वय अभूतपूर्व समाधानों के द्वार खोल सकता है और उद्योगों, अर्थव्यवस्थाओं और मानव प्रगति के ताने-बाने को नया आकार देने का मौका देगा।

आर्टिफिशियल इंटेलिजेंस: लक्ष्य और उद्देश्य

एआई, मौलिक रूप से, मशीनों में मानव जैसी बुद्धिमत्ता विकसित करने के लिए मानव क्षमताओं और व्यवहार के रिवर्स-इंजीनियरिंग द्वारा विश्लेषण करती है जिसे बाद में मशीनों के विकास में उपयोग करती है। संक्षेप में, इस का मूल उद्देश्य एक तकनीकी ढांचा विकसित करना है जो कंप्यूटर सिस्टम को बुद्धिमत्ता और स्वायत्तता के साथ संचालित करने के लिए सशक्त बनाता है। कृत्रिम बुद्धिमत्ता (एआई) के मूल उद्देश्यों को निम्नलिखित अनुच्छेदों में चित्रित किया गया है।

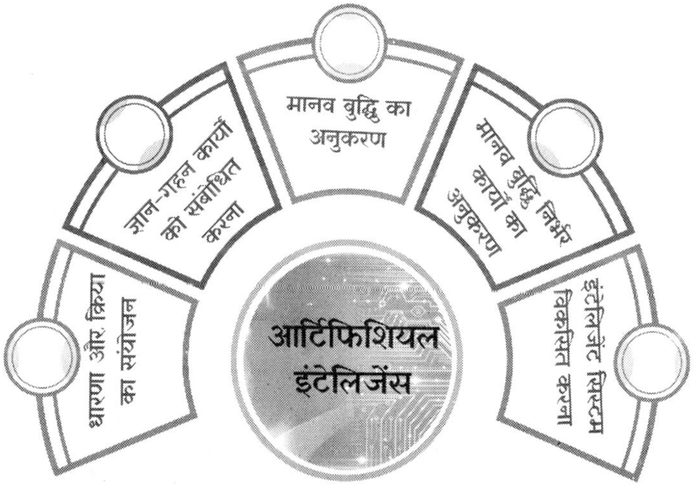

चित्र-2 आर्टिफिशियल इंटेलिजेंस के लक्ष्य

मानव बुद्धि का अनुकरण: एआई के विकास के प्रयासों के केंद्र में मशीनों में मानव जैसी बुद्धि विकसित करने का महत्वाकांक्षी लक्ष्य निहित है। इस सन्दर्भ में तर्क और समस्या-समाधान जैसे संज्ञानात्मक कार्यों का अनुकरण के साथ साथ मानव संचार की बारीकियों को सीखने, और समझने की क्षमता भी शामिल है। इस लक्ष्य को प्राप्त करने में एल्गोरिदम और मॉडल विकसित कर मशीनों को जानकारी संसाधित करने, पैटर्न पहचानने और मानव विचार प्रक्रियाओं को प्रतिबिंबित करने वाले तरीकों से निर्णय लेने में सक्षम बनाया जाता है। प्राकृतिक भाषा की समझ से लेकर रचनात्मक समस्या-समाधान तक, मानव बुद्धि का अनुकरण करने की एआई शोध मानव और मशीन अनुभूति के बीच की खाई को पाटने का प्रयास करती है। इसलिए एआई का उद्देश्य ऐसी प्रौद्योगिकियां बनाना है जो संदर्भ को समझ सकें, इरादों की व्याख्या कर सकें और मनुष्यों के साथ इस तरह से समन्वय कर सकें कि कृत्रिम और प्राकृतिक बुद्धि के सहज एकीकरण को बढ़ावा मिले।

ज्ञान-गहन कार्यों को संबोधित करना: एआई का एक और महत्वपूर्ण लक्ष्य ज्ञान-गहन कार्यों को अद्वितीय दक्षता और सटीकता के साथ निपटाने की क्षमता से सम्बंधित है। एआई बड़ी मात्रा में डेटा को संसाधित करने, प्रासंगिक जानकारी निकालने और निर्णय लेने में सहायता करने वाली अंतर्दृष्टि उत्पन्न करने का प्रयास करता है। मशीन लर्निंग और डेटा एनालिटिक्स जैसी तकनीकों के माध्यम से, एआई सिस्टम जटिल डेटासेट के भीतर पैटर्न, रुझान और सहसंबंधों को समझ सकते हैं। यह उद्योगों, शोधकर्ताओं और संगठनों को प्रक्रियाओं को अनुकूलित करने, सूचित विकल्प बनाने और आज उपलब्ध विशाल जानकारी में से मूल्यवान अंतर्दृष्टि प्राप्त करना सुगम बनाता है। इस के चलते ही एआई चिकित्सा, वित्त **और वैज्ञानिक** अनुसंधान जैसे विभिन्न क्षेत्रों

में सफलताओं में योगदान देता है। यह लक्ष्य हमें समझ और नवाचार के लिए अप्रयुक्त माने जाने वाले क्षेत्रों में भी एआई की क्षमता का उपयोग करने के लिए नए द्वार खोलता है।

धारणा और क्रिया का संयोजन: एआई का एक महत्वपूर्ण लक्ष्य मानव के संवेदी इनपुट और मोटर प्रतिक्रियाओं के बीच सहज समन्वय को प्रतिबिंबित करते हुए धारणा और कार्रवाई के बीच संयोजन का प्रयास करता है। इस लक्ष्य में एआई सिस्टम को अपने वातावरण को समझने, संवेदी डेटा की व्याख्या करने और प्रासंगिक रूप से उचित निर्णय लेने की क्षमता प्रदान करना शामिल है।

इस संलयन को कंप्यूटर विज़न और रोबोटिक्स जैसी तकनीकों के माध्यम से प्राप्त किया जाता है। कंप्यूटर विज़न मशीनों को छवियों, वीडियो और दृश्य डेटा का विश्लेषण करने की क्षमता प्रदान करती है, जिससे उन्हें वस्तुओं, दृश्यों और यहां तक कि भावनाओं को पहचानने की सामर्थ्य भी मिल सकती है। रोबोटिक प्रणालियों के साथ मिलकर, एआई अवधारणात्मक अंतर्दृष्टि को सटीक कार्यों में अनुवादित कर सकता है, जिससे मशीनों को नेविगेट करने, बातचीत करने और अपने वातावरण में आवश्यक बदलाव लाने में सक्षम बनाया जा सकता है। इस लक्ष्य के लिए, एआई का उद्देश्य ऐसी मशीनें बनाना है जो इंसानों की तरह दुनिया को समझ सकें, जिससे स्वायत्त वाहनों, चिकित्सा निदान और औद्योगिक स्वचालन में अनुप्रयोग हो सकें। धारणा और कार्रवाई का यह एकीकरण एआई सिस्टम को प्राप्त करने की दिशा में एक महत्वपूर्ण प्रगति का प्रतिनिधित्व करता है जिसके चलते एआई सिस्टम अपने पर्यावरण के साथ समझदारी और सहजता से संवाद / संयोजन कर सके।

मानव बुद्धि-निर्भर कार्यों का अनुकरण: एआई आमतौर पर उन कार्यों को दोहराने का प्रयास करता है जिनके लिए पारंपरिक रूप से मानव बुद्धि की

आवश्यकता होती है। इस लक्ष्य में रणनीतिक सोच और समस्या-समाधान से लेकर रचनात्मक प्रयासों तक विविध प्रकार की गतिविधियाँ शामिल हैं जो लंबे समय से मानव विशेषज्ञता का क्षेत्र रही हैं। रिपोर्ट्स के अनुसार मशीन लर्निंग एल्गोरिदम और तंत्रिका नेटवर्क के माध्यम से, एआई रणनीतिक गेम खेलने, संगीत रचना या कलात्मक रचनाएँ बनाने जैसे कार्यों में मानव जैसी विचार प्रक्रियाओं की नकल भी कर सकता है। ये प्रणालियाँ विशाल डेटासेट और पुराने उदाहरणों से सीखकर ऐसे आउटपुट उत्पन्न करती हैं जो मानव बुद्धि और रचनात्मकता को प्रतिबिम्बित करती हैं। मानव बुद्धि-निर्भर कार्यों का अनुकरण करके, एआई मनोरंजन, डिजाइन और नवाचार जैसे क्षेत्रों में नई संभावनाओं के द्वार खोलता है। यह मशीनों के लिए मानवीय क्षमताओं को पूरक करने और बढ़ाने की क्षमता को प्रदर्शित करता है।

इंटेलिजेंट सिस्टम विकसित करना: एआई का एक अहम् उद्देश्य बुद्धिमान सिस्टम के विकास को बढ़ावा देना है जो न केवल विशिष्ट कार्य करते हैं बल्कि समझ, सीखने और अनुकूलन क्षमता की व्यापक भावना भी प्रदर्शित करते हैं। इस लक्ष्य में एआई सिस्टम विकसित करना शामिल है जो मुश्किल प्रोग्रामिंग से परे है और नई चुनौतियों और परिदृश्यों पर गतिशील रूप से प्रतिक्रिया दे सकता है। मशीन लर्निंग, विशेष रूप से गहन शिक्षण, बुद्धिमान प्रणालियों को विकसित करने में महत्वपूर्ण भूमिका निभाता है। ये प्रणालियाँ डेटा की एक विस्तृत श्रृंखला से सीख सकती हैं, अपने मॉडल को परिष्कृत कर सकती हैं, और नई स्थितियों के लिए अपने ज्ञान को सामान्यीकृत कर सकती हैं। यह अनुकूलनशीलता एआई को मनुष्यों की तरह ही जटिल समस्याओं का समाधान करने और अनुभव से सीखने की अनुमति देती है। बुद्धिमान प्रणालियों को विकसित करके, एआई स्वायत्त वाहनों और चिकित्सा निदान जैसे क्षेत्रों में प्रगति में योगदान देता है। ये प्रणालियाँ समय के साथ विकसित होती हैं, लगातार अपने प्रदर्शन को बढ़ाती हैं और अपनी क्षमताओं का विस्तार करती हैं।

आर्टिफिशियल इंटेलिजेंस: मौलिक सिद्धांत एआई मौलिक सिद्धांतों और प्रौद्योगिकियों के संयोजन के माध्यम से काम करता है। एआई सिस्टम कैसे संचालित होते है इसका संक्षिप्त विवरण निम्न अनुच्छेदों में दिया गया है:

- **डेटा संग्रह:** एआई सिस्टम को सीखने और सूचित निर्णय लेने के लिए डेटा की आवश्यकता होती है। विभिन्न स्रोतों से विविध और प्रासंगिक डेटा एकत्र किया जाता है।

- **डेटा प्रीप्रोसेसिंग:** प्राथमिक डेटा को साफ, व्यवस्थित और विश्लेषण के लिए तैयार किया जाता है। इसमें से नोइज को दूर करना, मिसिंग वैल्यूज का विश्लेषण करना और डेटा को उपयुक्त प्रारूप में बदलना शामिल है।

- **प्रशिक्षण डेटा:** मशीन लर्निंग के लिए, प्रशिक्षण के लिए डेटा के एक सबसेट का उपयोग किया जाता है। इस डेटा को लेबल किया गया है, जिसका अर्थ है कि इसमें इनपुट और संबंधित वांछित आउटपुट हैं, जो एआई को पैटर्न पहचानना सिखाते हैं।

- **एल्गोरिदम:** एआई एल्गोरिदम गणितीय मॉडल हैं जो पैटर्न, रिश्तों और अंतर्दृष्टि की पहचान करने के लिए डेटा को संसाधित करते हैं। विभिन्न कार्यों जैसे वर्गीकरण, प्रतिगमन, क्लस्टरिंग आदि के लिए अलग-अलग एल्गोरिदम का उपयोग किया जाता है, ।

- **मॉडल प्रशिक्षण:** चयनित एल्गोरिदम को उसके आंतरिक मापदंडों को समायोजित करने के लिए प्रशिक्षण डेटा पर लागू किया जाता है। मॉडल त्रुटियों को कम करके इनपुट को वांछित आउटपुट में मैप करना सीखता है।

- **सत्यापन:** प्रशिक्षित मॉडल का सत्यापन डेटा पर परीक्षण के माध्यम से किया जाता है ताकि यह सुनिश्चित किया जा सके कि यह प्रशिक्षण सेट से

परे अच्छी तरह से सामान्यीकृत परिणाम दे सके और डेटा को ओवरफिट न करे।

- **परीक्षण और मूल्यांकन:** मॉडल का प्रदर्शन और सटीकता का मूल्यांकन करने के लिए नए, अनदेखे डेटा पर परीक्षण किया जाता है। इसकी प्रभावशीलता का आकलन करने के लिए सटीकता, परिशुद्धता, रिकॉल और एफ1-स्कोर जैसे मेट्रिक्स का उपयोग किया जाता है।
- **परिनियोजन:** यदि मॉडल अच्छा प्रदर्शन करता है, तो इसे वास्तविक दुनिया में उपयोग के लिए व्यवहार में लाया जाता है। इसमें इसे एप्लिकेशन, वेबसाइट या सिस्टम में एकीकृत करना शामिल हो सकता है।
- **फीडबैक लूप:** एआई सिस्टम फीडबैक के आधार पर लगातार सीखते हैं और सुधार करते हैं। नया डेटा एकत्र किया जाता है, और बदलती परिस्थितियों के अनुकूल होने के लिए मॉडल को समय-समय पर पुनः प्रशिक्षित किया जा सकता है।
- **अनसुपरवाइज्ड लर्निंग:** ऐसे मामलों में जहां लेबल किया गया डेटा दुर्लभ या अनुपलब्ध है, क्लस्टरिंग या डायमेंशनलिटी रिडक्शन जैसी अनसुपरवाइज्ड लर्निंग तकनीकों का इस्तेमाल डेटा के भीतर पैटर्न खोजने के लिए किया जा सकता है।
- **सुदृढीकरण सीखना:** निर्णय लेने से जुड़े कार्यों के लिए, सुदृढीकरण सीखना नियोजित किया जाता है। एआई पर्यावरण के साथ बातचीत करके और अपने कार्यों के आधार पर पुरस्कार या दंड प्राप्त करके सीखता है।
- **न्यूरल नेटवर्क:** गहन शिक्षण, एआई का एक उपसमूह, मानव मस्तिष्क से प्रेरित तंत्रिका नेटवर्क शामिल है। तंत्रिका नेटवर्क में परस्पर जुड़े हुए नोड्स

होते हैं जो जटिल पैटर्न को पहचानने के लिए जानकारी को पदानुक्रमित रूप से संसाधित करते हैं।

एआई इन सिद्धांतों को जीपीयू जैसे हार्डवेयर में प्रगति और बड़े डेटा की उपलब्धता के साथ जोड़कर ऐसे सिस्टम बनाता है जो बड़ी मात्रा में जानकारी को संसाधित कर सकते हैं, उससे सीख सकते हैं और बुद्धिमान निर्णय ले सकते हैं।

एआई की क्षमताएं: अनेक प्रकार के कार्य करने में सक्षम हैं जिन्हें कभी मानव बुद्धि के लिए विशेष माना जाता था। एआई की कुछ उल्लेखनीय क्षमताओं में शामिल हैं:

- **डेटा विश्लेषण:** एआई पैटर्न, रुझान और अंतर्दृष्टि की पहचान करने के लिए बड़ी मात्रा में डेटा को जल्दी से संसाधित और विश्लेषण कर सकता है, जिसे समझना मनुष्यों के लिए मुश्किल हो सकता है।

- **पूर्वानुमानित मॉडलिंग:** एआई एल्गोरिदम ऐतिहासिक डेटा के आधार पर भविष्य के परिणामों के बारे में भविष्यवाणी कर सकता है, वित्त, मौसम पूर्वानुमान और स्वास्थ्य देखभाल जैसे क्षेत्रों में सहायता कर सकता है।

- **प्राकृतिक भाषा प्रसंस्करण (एनएलपी):** एआई मानव भाषा को समझ सकता है, उत्पन्न कर सकता है और उसके साथ बातचीत कर सकता है, जिससे चैटबॉट, अनुवाद सेवाएं, भावना विश्लेषण और बहुत कुछ सक्षम हो सकता है।

- **कंप्यूटर विजन:** एआई-संचालित सिस्टम छवियों और वीडियो से दृश्य जानकारी को पहचान और व्याख्या कर सकता है, जिससे चेहरे की पहचान, वस्तु का पता लगाने और स्वायत्त वाहनों जैसे अनुप्रयोगों को सक्षम किया जा सकता है।

- **स्वायत्त प्रणाली:** एआई विभिन्न वातावरणों में स्वतंत्र रूप से नेविगेट करने और निर्णय लेने के लिए स्व-ड्राइविंग कारों, ड्रोन और रोबोटों का मार्गदर्शन कर सकता है।
- **वैयक्तिकरण:** एआई ई-कॉमर्स, सामग्री स्ट्रीमिंग और विज्ञापन में वैयक्तिकृत अनुशंसाओं को सक्षम बनाता है, अनुभवों को व्यक्तिगत प्राथमिकताओं के अनुरूप बनाता है।
- **हेल्थकेयर डायग्नोस्टिक्स:** एआई एल्गोरिदम रोग निदान और उपचार योजना में सहायता के लिए चिकित्सा छवियों और रोगी डेटा का विश्लेषण कर सकता है।
- **वर्चुअल असिस्टेंट:** सिरी, गूगल असिस्टेंट और एलेक्सा जैसे एआई-संचालित वर्चुअल असिस्टेंट जानकारी प्रदान करते हैं, कार्यों का प्रबंधन करते हैं और प्राकृतिक भाषा के माध्यम से उपयोगकर्ताओं के साथ बातचीत करते हैं।
- **वित्तीय विश्लेषण:** एआई एल्गोरिदम शेयर बाजार की गतिविधियों की भविष्यवाणी कर सकता है, निवेश पोर्टफोलियो का प्रबंधन कर सकता है और बाजार डेटा के आधार पर व्यापार को स्वचालित कर सकता है।
- **रचनात्मकता और कंटेंट निर्माण:** एआई कला, संगीत और लिखित सामग्री बना सकता है, जो सीखे गए पैटर्न के आधार पर नवीन आउटपुट प्रदान करता है।
- **धोखाधड़ी का पता लगाना:** एआई सिस्टम वित्तीय लेनदेन में विसंगतियों और पैटर्न का पता लगा सकता है, जिससे धोखाधड़ी वाली गतिविधियों की पहचान करने में मदद मिलती है।

- **भाषा अनुवादः** एआई-संचालित अनुवाद सेवाएं भाषा की बाधाओं को दूर करते हुए पाठ और भाषण का एक भाषा से दूसरी भाषा में सटीक अनुवाद कर सकती हैं।
- **गेमिंगः** एआई शतरंज, जैसे वीडियो गेम खेल सकता है, जो विरोधियों को चुनौती देता है और गेमप्ले अनुभव को समृद्ध बनाता है।
- **ग्राहक सेवाः** एआई-संचालित चैटबॉट और वर्चुअल असिस्टेंट 24/7 ग्राहक सहायता प्रदान करते हैं, प्रश्नों का उत्तर देते हैं और मुद्दों का समाधान करते हैं।
- **दवाओं की खोजः** एआई रासायनिक यौगिकों का विश्लेषण करने और दवा विकास के लिए उनकी संभावित प्रभावशीलता की भविष्यवाणी करने में सहायता करता है। जैसे-जैसे प्रौद्योगिकी आगे बढ़ रही है, उद्योगों में बदलाव आ रहा है और मानव जीवन के विभिन्न पहलुओं में बढ़ोतरी हो रही है, एआई की क्षमताओं का विस्तार जारी है।

आर्टिफिशियल इंटेलिजेंसः मूलभूत घटक

आर्टिफिशियल इंटेलिजेंस (एआई) एक बहुआयामी डोमेन है जिसमें कंप्यूटर में मानव जैसी बुद्धिमत्ता का अनुकरण और पुनरुत्पादन करने के उद्देश्य से विविध प्रकार की प्रौद्योगिकियों और पद्धतियों को शामिल किया गया है। एआई सिस्टम के निर्माण और अनुप्रयोग को सुविधाजनक बनाने वाले मूलभूत तत्वों और सिद्धांतों को एआई के बिल्डिंग ब्लॉक्स के रूप में जाना जाता है। इस भाग में एआई के मूलभूत तत्वों के ऊपर चर्चा की गई है। ये मूलभूत घटक चित्र -3 में दर्शाए गए हैं और कृत्रिम बुद्धिमत्ता प्रणालियों के डिजाइन और निर्माण के लिए महत्वपूर्ण माने जाते हैं। विक्रेता प्रत्येक बिल्डिंग ब्लॉक में निहित कार्यक्षमता उपलब्ध करा सकते हैं। आमतौर पर, प्रारम्भ में, बुनियादी एआई एप्लिकेशन एक ही घटक का उपयोग करते हैं, लेकिन समय के साथ आवश्यकता के अनुसार, वे कई घटकों को एकीकृत करते हैं।

मशीन लर्निंग: मशीन लर्निंग एआई के क्षेत्र का एक मूलभूत घटक है, जिसका उद्देश्य स्पष्ट प्रोग्रामिंग के बिना किसी कंप्यूटर या मशीन को डेटा से ज्ञान प्राप्त करने की क्षमता के साथ सशक्त बनाना है। इस प्रक्रिया में ऐसे एल्गोरिदम का निर्माण/ विकास शामिल है जो डेटा का विश्लेषण करने, पैटर्न का पता लगाने और विश्लेषण से प्राप्त भविष्यवाणियां या विकल्प उत्पन्न करने की क्षमता रखते हैं। मशीन लर्निंग दृष्टिकोण में तीन मुख्य श्रेणियां शामिल

हैं: पर्यवेक्षित शिक्षण, अनपर्यवेक्षित शिक्षण और सुदृढीकरण शिक्षण। पर्यवेक्षित शिक्षण में एक मॉडल को प्रशिक्षित करने के लिए लेबल किए गए डेटा का उपयोग करना शामिल है, जबकि अनसुपरवाइज्ड लर्निंग में डेटा सेट को प्रशिक्षित करते समय अनसुपरवाइज्ड लर्निंग मॉडल को पर्यवेक्षण की आवश्यकता नहीं होती है। यह असंरचित डेटा में पैटर्न, समूह और अंतर की खोज के लिए एक आदर्श एमएल तकनीक बन जाती है। ये तकनीकें एआई सिस्टम को सक्षम बनाने के लिए महत्वपूर्ण हैं जो अनुभव के माध्यम से समय के साथ अपने प्रदर्शन को अनुकूलित और सुधार सकते हैं। इन रणनीतियों का उपयोग कृत्रिम बुद्धिमत्ता प्रणालियों के विकास में अत्यंत महत्वपूर्ण है जो अनुभवात्मक शिक्षा के माध्यम से अपने प्रदर्शन को अनुकूलित करने और बढ़ाने की क्षमता रखते हैं।

छवियों के पहचान के क्षेत्र में, तस्वीरों के व्यापक डेटासेट का विश्लेषण करने के लिए मशीन लर्निंग एल्गोरिदम का उपयोग किया जाता है। इन एल्गोरिदम का उद्देश्य पैटर्न और विशिष्ट लक्षणों को पहचानना और समझना है जो विभिन्न वस्तुओं या स्थितियों को अलग करने में सक्षम बनाते हैं। यह सोशल मीडिया पर चेहरे की पहचान करने या पैदल चलने वालों और स्वायत्त वाहनों में उपयोग की जाती है। इसी प्रकार, स्मार्टफोन पर चलने वाला एक मोबाइल एप्लिकेशन अपने प्राकृतिक आवासों में पाई जाने वाली विभिन्न प्रकार की पक्षी प्रजातियों की पहचान सकता है। पारंपरिक पहचान पत्रों के स्थान पर छवि पहचान तकनीक का तेजी से उपयोग किया जा रहा है। इसी प्रकार के ऐप्स के प्रयोग से स्वायत्त वाहनों में नियोजित विज़न सिस्टम, पैदल यात्री और रास्ते में आने वाली बाधाओं का सटीक पता लगाने और उन्हें वर्गीकृत करने की सुविधा प्रदान करता है।

चित्र-3 आर्टिफिशियल इंटेलिजेंस के मूलभूत घटक

मशीन लर्निंग मॉडल: मशीन लर्निंग एआई के लिए मूलभूत ढांचे के रूप में कार्य करती है और एआई सिस्टम को अनुकूलन करने और अनुभवों से सीखने की क्षमता प्रदान करती है जिससे उन्हें सूचित निर्णय और सटीक भविष्यवाणियां करने में सक्षम बनाता है। कंप्यूटर को लोगों की तुलना में अधिक दक्षता के साथ कार्य करने में सक्षम बनाने के लिए मशीन लर्निंग का उपयोग किया जाता है। मशीन लर्निंग डेटा तक स्वचालित पहुंच प्रदान करने के लिए एल्गोरिदम का उपयोग करता है और अनुभवात्मक शिक्षा के माध्यम से मशीन की क्षमताओं का विस्तार करता है। एआई प्रौद्योगिकी के आगमन ने दैनिक गतिविधियों को काफी सुव्यवस्थित कर दिया है और यह कृषि, बैंकिंग, अनुकूलन, रोबोटिक्स और संरचनात्मक स्वास्थ्य निगरानी सहित विभिन्न क्षेत्रों में एक आवश्यक उपकरण बन गया है। कैमरे इस तकनीक को विभिन्न उद्देश्यों जैसे वस्तु पहचान, छवि विश्लेषण, रंग और पैटर्न पहचान, डेटा अधिग्रहण, डेटा संगठन और ऑडियो-टू-टेक्स्ट रूपांतरण के लिए

नियोजित कर सकते हैं। मशीन लर्निंग नवजात शिशु की तरह ही काम करती है (ताए, 2023)। मस्तिष्क में बड़ी अरबों की संख्या में परस्पर जुड़े हुए न्यूरॉन्स होते हैं जो तंत्रिका संकेतों के संचरण के दौरान सक्रिय हो जाते हैं। जब किसी वाहन, जैसे कार या ट्रक, के सामने आते ही तो न्यूरॉन्स का एक विशिष्ट समूह सक्रिय हो जाता है। ताए (2023) के अनुसार शिशु को एक वैकल्पिक ऑटोमोटिव मॉडल प्रस्तुत किया जाता है, तो अन्य न्यूरॉन्स के साथ-साथ न्यूरॉन्स का एक ही समूह उत्तेजित हो सकता है। बचपन के विकासात्मक चरण के दौरान, हमें प्रशिक्षण और शिक्षा से गुजरना पड़ता है, जिससे न्यूरॉन्स और उनके बीच के कनेक्शन सहित उनकी तंत्रिका संरचना में संशोधन होता है और हम लगातार सीखते रहते हैं। सरल शब्दों में हम यह भी कह सकते कि यदि कृत्रिम बुद्धिमत्ता को मानव मस्तिष्क माने तो मशीन लर्निंग को उस तंत्र के रूप में समझा जा सकता है जिसके माध्यम से एआई नई संज्ञानात्मक क्षमताएं प्राप्त करता है। मशीन लर्निंग के कई तरीकों में से, डीप लर्निंग वर्तमान में उपलब्ध सबसे कुशल स्व-प्रशिक्षण प्रणाली के रूप में सामने आती है। मशीन लर्निंग अनुसंधान के उस क्षेत्र को संदर्भित करता है जो कंप्यूटर को ज्ञान प्राप्त करने और उनके प्रदर्शन को और सक्षम बनाने पर केंद्रित है जिससे वह मानव सीखने की क्षमताओं का अनुकरण या उससे आगे निकल जाए।

एनएलपी (प्राकृतिक भाषा प्रसंस्करण): प्राकृतिक भाषा प्रसंस्करण (एनएलपी) में मानव भाषा का विश्लेषण और समझने के लिए मशीन लर्निंग मॉडल का उपयोग किया जाता है। यह क्षमता चैटबॉट्स को ग्राहक सेवा, वर्चुअल असिस्टेंट को वॉयस कमांड का अर्थ समझने और सोशल मीडिया प्लेटफॉर्म पर व्यक्त ग्राहकों की राय का आकलन करने के लिए भावनाओं का विश्लेषण करने में सक्षम बनाती है। एनएलपी मशीनों को मानव भाषा को समझने, व्याख्या करने और उत्पन्न करने में सक्षम बनाने पर केंद्रित है। यह चैट-बॉट्स, भाषा अनुवाद

और भावना विश्लेषण जैसे अनुप्रयोगों में महत्वपूर्ण भूमिका निभाता है। चैट-बॉट और वर्चुअल असिस्टेंट एनएलपी ग्राहक सेवा प्रतिनिधियों की तरह चैट-बॉट को शक्ति प्रदान करते हैं जो मानव की तरह उपयोगकर्ता के प्रश्नों को समझ सकते हैं और उनका जवाब दे सकते हैं। भाषा अनुवाद एनएलपी एल्गोरिदम संदर्भ और अर्थ को बनाए रखते हुए Google Translate जैसे प्लेटफ़ॉर्म को एक भाषा से दूसरी भाषा में पाठ का अनुवाद करने में सक्षम बनाता है। उत्पादों, ब्रांडों या घटनाओं के बारे में जनता की भावनाओं के विश्लेषण एनएलपी तकनीक सोशल मीडिया से टेक्स्ट डेटा का विश्लेषण करती है। एनएलपी मानव संचार और कंप्यूटर के बीच अंतर को कम करता है जिसके चलते एआई सिस्टम को उपयोगकर्ताओं के साथ बातचीत करने, टेक्स्ट को संसाधित करने और टेक्स्ट डेटा से मूल्यवान अंतर्दृष्टि निकालने में सक्षम बनाता है।

डेटा: डेटा को एआई की जीवनधारा कहा जा सकता है। यह मशीन लर्निंग एल्गोरिदम की क्षमताओं को बढ़ावा देता है, जिससे एआई सिस्टम उदाहरणों और अनुभवों से प्रभावी रूप से सीख सकता है। दरअसल डेटा एआई का एक मूलभूत स्तंभ है जिससे एआई सिस्टम के विभिन्न प्रकार के मॉडल विकसित किये जा सकते हैं। उदहारण के लिए मशीन लर्निंग मॉडल को बड़े और विविध डेटासेट से प्रशिक्षित किया जा सकता है जिससे हम डाटा से पैटर्न और विभिन्न कारक तत्वों में अन्तर्निहित संबंधों को जाना जा सकता है। जैसे किसी भाषा अनुवाद मॉडल के प्रशिक्षण के लिए व्याकरणिक बारीकियों और संदर्भ को समझने के लिए विभिन्न भाषाओं में व्यापक डेटा की आवश्यकता होती है। इसी प्रकार से आगम या पूर्वानुमानित विश्लेषण के लिए भी विशेष प्रकार के मॉडल विकसित किये जा सकते हैं। वित्त जैसे क्षेत्रों में, स्टॉक की कीमतों, बाजार के रुझान और आर्थिक संकेतकों के बारे में ऐतिहासिक और वास्तविक समय के

डेटा का उपयोग को इन मॉडलों को बनाने के लिए किया जाता है जो बाजार की गतिविधियों का पूर्वानुमान लगाता है।

डेटा एआई के लिए बिल्डिंग ब्लॉक्स के रूप में कार्य करता है, जो एल्गोरिदम को समझने, सामान्यीकरण करने और सूचित निर्णय लेने में सक्षम बनाता है। अतः इष्टतम प्रदर्शन प्राप्त करने के लिए एआई सिस्टम के लिए उच्च-गुणवत्ता, विविध और प्रासंगिक डेटा महत्वपूर्ण है।

एल्गोरिदम: एल्गोरिदम निर्देशों का एक सम्मुचय होता है जो विशिष्ट कार्यों को करने में एआई सिस्टम का मार्गदर्शन करते हैं। ये गणितीय और तार्किक प्रक्रियाएं निर्धारित करती हैं कि एआई डेटा को कैसे संसाधित करता है और उसके आधार पर निर्णय लेता है और आउटपुट को किस फॉर्म में देता है। एल्गोरिदम के विभिन्न प्रकारों में से सर्च एल्गोरिदम काफी प्रयोग में लाया जाता है। यह एल्गोरिदम एक खोज इंजन की तरह कार्य करता है, जो उन्हें बड़े पैमाने पर डेटासेट से प्रासंगिक जानकारी को तुरंत पुनर्प्राप्त करने में सक्षम बनाता है। संस्थाओं और व्यावसायिक इकाइयों में अनुकूलन एल्गोरिदम का उपयोग अधिकतम दक्षता और लागत बचत के लिए संसाधनों का सर्वोत्तम आवंटन खोजने के लिए आपूर्ति श्रृंखला प्रबंधन जैसे क्षेत्रों में किया जाता है। यह एल्गोरिदम एआई सिस्टम को कार्य करने, पूर्वानुमान लगाने और प्रक्रियाओं को स्वचालित करने में सक्षम बनाता है। एक उपयुक्त एल्गोरिदम का चुनाव यह निर्धारित करता है कि एआई सिस्टम कितनी अच्छी तरह से अपने उद्देश्यों को पूरा कर सकता है।

कंप्यूटर विज़न: कंप्यूटर विज़न एआई सिस्टम को दुनिया से दृश्य जानकारी की व्याख्या और समझने की क्षमताएं देता है। यह छवि और वीडियो विश्लेषण, वस्तु पहचान और यहां तक कि रोबोटिक्स में स्वनियंत्रित नेविगेशन को सक्षम

बनाता है। दरअसल कंप्यूटर विज़न एआई सिस्टम के द्वारा तस्वीरों के भीतर वस्तुओं, लोगों और दृश्यों की पहचान करने में सक्षम बनाता है। इसी प्रकार सुरक्षा एजेंसियां संभावित अपराधियों के चेहरे की पहचानने के लिए इसका इस्तेमाल कर सकती है। यह स्वास्थ्य देखभाल में, कंप्यूटर विज़न एक्स-रे और एमआरआई जैसी मेडिकल छवियों का विश्लेषण करने में भी मदद करता है, जिससे बीमारियों और स्थितियों का निदान करने में सहायता मिलती है। इस का उपयोग खुदरा क्षेत्र में इन्वेंट्री प्रबंधन के लिए भी किया जा सकता है, जिससे सिस्टम को अलमारियों या गोदामों में वस्तुओं का पता लगाने और ट्रैक करने की अनुमति मिलती है। अतः यह कहा जा सकता है कंप्यूटर विज़न एआई सिस्टम को भौतिक दुनिया और डिजिटल इंटेलिजेंस के बीच अंतर को पाटते हुए दृश्य डेटा को संसाधित करने और समझने में सक्षम बनाता है।

ज्ञान प्रतिनिधित्व: एआई सिस्टम को ज्ञान को ऐसे प्रारूप में प्रस्तुत करने और संग्रहीत करने के तरीके की आवश्यकता होती है जो मशीनों के लिए प्रयोग सुलभ हो। ज्ञान प्रतिनिधित्व विधियों में प्रतीकात्मक तर्क, शब्दार्थ नेटवर्क और ऑन्कोलॉजी मुख्य रूप से शामिल हैं। उदाहरण के लिए सिमेंटिक नेटवर्क अवधारणाओं के बीच संबंध दिखाने के लिए नोड्स और किनारों का उपयोग करके ज्ञान का प्रतिनिधित्व किया जा सकता है जैसे हम "बिल्ली" को परिभाषित करने के लिए इसे "स्तनपायी" और "पालतू" की श्रेणियों से जोड़ सकते हैं। वहीं दूसरी ओर फ्रेम और स्क्रिप्ट विशिष्ट स्थितियों या घटनाओं के बारे में ज्ञान को व्यवस्थित करने में प्रयोग किया जा सकता है। इससन्दर्भ में ऑन्टोलॉजी एक विशिष्ट डोमेन में अवधारणाओं के बीच पदानुक्रम और संबंधों को परिभाषित करती है, जो कंप्यूटर को जटिल जानकारी के बारे में तर्क करने में सक्षम बनाती है। दरअसल ज्ञान प्रतिनिधित्व एआई सिस्टम को जानकारी को प्रभावी ढंग से

संग्रहीत और संसाधित करने में सक्षम बनाता है, जिससे तार्किक तर्क, समस्या-समाधान और निर्णय लेने में सुविधा होती है।

एक्सपर्ट सिस्टम (विशेषज्ञ प्रणालियाँ): विशेषज्ञ प्रणालियाँ एआई के ऐसे अनुप्रयोग हैं जो विशिष्ट क्षेत्र जैसे मेडिकल, वित्त, समस्या निदान इत्यादि में मानव विशेषज्ञता का अनुकरण करती हैं। वे निर्णय लेने और समस्याओं को हल करने के लिए ज्ञान के आधार और अनुमान नियमों के एक सेट का उपयोग करते हैं। चिकित्सा क्षेत्र में एक विशेषज्ञ प्रणाली स्थापित चिकित्सा ज्ञान के आधार पर नैदानिक सिफारिशें प्रदान करने के लिए रोगी के लक्षणों और चिकित्सा इतिहास का विश्लेषण कर सकती है। इसी भांति वित्तीय क्षेत्र में, विशेषज्ञ प्रणालियाँ बाज़ार के रुझान, ऐतिहासिक डेटा और जोखिम कारकों का मूल्यांकन करके निवेश निर्णयों में सहायता कर सकती हैं। विशेषज्ञ प्रणालियाँ मानव निर्णय लेने की प्रक्रियाओं को दोहराने के लिए नियमों, तर्क और ज्ञान डेटाबेस का उपयोग करती हैं, जिससे वे उन कार्यों के लिए मूल्यवान उपकरण बन जाते हैं जिनके लिए विशेष विशेषज्ञता की आवश्यकता होती है।

समस्या -समाधान: समस्या-समाधान एआई का एक मूलभूत पहलू है, जिसमें एल्गोरिदम विकसित करना शामिल है जो एआई सिस्टम को जटिल समस्याओं का समाधान खोजने में सक्षम बनाता है। खोज एल्गोरिदम और अनुकूलन विधियों जैसी तकनीकों का उपयोग किया जाता है। उदाहरण के लिए आईबीएम के डीप ब्लू जैसे एआई सिस्टम शतरंज के खेल में संभावित चालों का मूल्यांकन करने और निर्णय लेने के लिए समस्या-समाधान एल्गोरिदम का उपयोग करते हैं। एआई एल्गोरिदम किसी स्थान पर जाने के लिए सबसे कुशल मार्ग का निर्धारण करके, यात्रा की दूरी को कम करके ट्रैवलिंग सेल्समैन की समस्या का समाधान करता है। इसी तरह वीडियो गेम में एआई एजेंट वातावरण

में नेविगेट करने, रणनीतिक निर्णय लेने और उद्देश्यों को प्राप्त करने के लिए समस्या-समाधान दृष्टिकोण का उपयोग करते हैं। एआई में समस्या-समाधान तकनीकों में चुनौतियों की एक विस्तृत श्रृंखला का समाधान खोजने के लिए तार्किक तर्क, अनुकूलन, खोज एल्गोरिदम और निर्णय लेने की प्रक्रियाएं अपना योगदान देती हैं।

नैतिकता और पूर्वाग्रहः एआई के सम्बन्ध में नैतिकता और पूर्वाग्रह दोनों ही इसकी मजबूत आधारशिला के लिए अत्यंत महत्वपूर्ण हैं। इसीलिये यह सुनिश्चित करना आवश्यक है कि एआई सिस्टम निष्पक्ष और मानवीय मूल्यों के साथ संरेखित हो। एआई एल्गोरिदम में पूर्वाग्रह पक्षपातपूर्ण डेटा पर प्रशिक्षित एआई एल्गोरिदम अनुचित प्रथाओं को अपना सकता है और उन्हें व्यवहार में भी ला सकता है। इसी प्रकार स्वनियंत्रित वाहनों की प्रोग्रामिंग इस बारे में नैतिक मुद्दा उठाती है कि एआई को पैदल यात्रियों या अन्य ड्राइवरों पर यात्री सुरक्षा को कैसे प्राथमिकता देनी चाहिए। इसी क्रम में व्यक्तिगत डेटा को संसाधित करने वाले एआई सिस्टम गोपनीयता, डेटा सुरक्षा और संवेदनशील जानकारी के संभावित दुरुपयोग के बारे में चिंताएं बढ़ाते हैं। इन चुनौतियों को संबोधित करना यह सुनिश्चित करने के लिए महत्वपूर्ण है कि असमानताओं को बनाए रखने या व्यक्तिगत अधिकारों से समझौता किए बिना एआई प्रौद्योगिकियों को जिम्मेदारी से विकसित और तैनात किया जाए।

अनुभव से सीखना: एआई सिस्टम अनुभवों से सीखने के सन्दर्भ में बेहतर होता है। सीखने की इस प्रक्रिया का पर्यवेक्षण किया जा सकता है (लेबल किए गए डेटा का उपयोग करके), अथवा अनसुपरवाइज्ड (बिना लेबल वाले डेटा में पैटर्न ढूंढना) या पनिशमेंट की विधि के द्वारा सही तथ्य को रेएंफोर्समेंट कर भी एआई सिस्टम को ट्रेन किया जा सकता है।

संज्ञानात्मक कंप्यूटिंग: संज्ञानात्मक कंप्यूटिंग का उद्देश्य एआई सिस्टम को जटिल कार्यों को हल करने के लिए तर्क, निर्णय लेने और समस्या-समाधान जैसी मानव विचार प्रक्रियाओं का अनुकरण करने में सक्षम बनाना है।

ये मूलभूत अवधारणाएं एआई और इसके विभिन्न अनुप्रयोगों की प्रगति को वर्णित करती हैं। एआई के विकास में उपरोक्त सिद्धांत शोधकर्ताओं, डेवलपर्स और चिकित्सकों का मार्गदर्शन करते हैं तथा इन सिद्धांतों से विभिन्न डोमेन में कार्य कर सकते हैं।

आर्टिफिशियल इंटेलिजेंस: वर्गीकरण

एआई या एआई-आधारित प्रणालियों को विभिन्न मानदंडों और विशिष्ट विशेषताओं के अनुसार कृत्रिम बुद्धिमत्ता को कई रूपों में वर्गीकृत किया जा सकता है। एआई को कई तरीकों से वर्गीकृत किया जा सकता है। हालाँकि, व्यापक रूप से उपयोग किया जाने वाला एक वर्गीकरण इस बात पर आधारित है कि एआई और एआई-सक्षम कंप्यूटर किस हद तक मानव मस्तिष्क और संज्ञानात्मक प्रक्रियाओं में संलग्न होने और यहां तक कि मनुष्यों के समान भावनाओं का अनुभव करने की उनकी क्षमता से मिलते-जुलते हैं। एआई को वर्गीकृत करने के लिए यहां कई प्रचलित तरीके दिए गए हैं।

कार्यक्षमता आधारित वर्गीकरण: कृत्रिम बुद्धिमत्ता प्रणालियों को उनकी कार्यक्षमता के आधार पर दो मुख्य प्रकारों में वर्गीकृत किया जा सकता है: संकीर्ण एआई, जिसे कमजोर एआई के रूप में भी जाना जाता है, और सामान्य एआई, जिसे मजबूत एआई के रूप में भी जाना जाता है। वर्गीकरण अनिवार्य रूप से उन कार्यों की श्रेणी द्वारा निर्धारित किया जाता है जिन्हें एआई सिस्टम पूरा कर सकता है और नई और अप्रत्याशित समस्याओं को समायोजित करने की उसकी क्षमता को संदर्भित करता है।

स्ट्रॉंग (मजबूत) एआई शब्द का प्रयोग विभिन्न शैक्षणिक क्षेत्रों में और अलग-अलग महत्व के साथ किया गया है। जॉन सियरल ने मजबूत इंटेलिजेंस (एआई) और कमजोर एआई के बीच अंतर परिभाषित किया। सियरल के अनुसार अभूतपूर्व

जागरूकता की अवधारणा के आधार पर हम कमजोर और मजबूत कृत्रिम बुद्धि के बीच अंतर स्थापित कर सकते हैं जो कार्यात्मक चेतना से अलग है। असाधारण चेतना, व्यापक अर्थ में, बाहरी दुनिया के व्यक्तिपरक अनुभव से संबंधित है जैसा कि हमारी संवेदी क्षमताओं के माध्यम से माना जाता है। इसके विपरीत, कार्यात्मक जागरूकता उस तरीके से संबंधित है जिसमें चेतना व्यक्तियों को अपरिचित या चुनौतीपूर्ण परिस्थितियों से निपटने में सहायता करती है जिनमें स्थापित स्वचालित प्रतिक्रियाओं का अभाव होता है (फ्रैंकलिन, 2003)। हाल के दिनों में, "स्ट्रोंग एआई" शब्द को उच्च-स्तरीय मशीन इंटेलिजेंस, मानव-स्तरीय एआई या सामान्य एआई के आंशिक समकक्ष के रूप में उपयोग करने की प्रवृत्ति रही है।

1. स्ट्रोंग एआई: स्ट्रोंग एआई, जिसे आर्टिफिशियल जनरल इंटेलिजेंस (एजीआई) के रूप में भी जाना जाता है, उस एआई सिस्टम को संदर्भित करता है जिसमें मानव जैसी संज्ञानात्मक क्षमताएं और चेतना होती है। ये प्रणालियाँ विशिष्ट कार्यों तक सीमित नहीं हैं; उनमें समझने, सीखने, तर्क करने और किसी भी बौद्धिक कार्य को करने की क्षमता होती है जो एक इंसान कर सकता है। मजबूत एआई का लक्ष्य मानव-स्तर की बुद्धिमत्ता और चेतना को दोहराना है। उदाहरण स्वरुप हम काल्पनिक एआई पात्रों जो अक्सर विज्ञान कथाओं में चित्रित किया जाते हैं , जहां एआई पात्र भावनाओं, आत्म-जागरूकता और मनुष्यों के समान जटिल बातचीत और गतिविधियों में संलग्न होने की क्षमता प्रदर्शित करते हैं।

स्ट्रोंग एआई हासिल करना एक जटिल और महत्वाकांक्षी चुनौती है, जिसके लिए संज्ञानात्मक विज्ञान, तंत्रिका विज्ञान और कंप्यूटिंग शक्ति में प्रगति की आवश्यकता है। अब तक, एआई विकास ने मुख्य रूप से संकीर्ण

एआई या कमजोर एआई सिस्टम बनाने पर ध्यान केंद्रित किया है जो विशिष्ट कार्यों में उत्कृष्ट हैं लेकिन सच्ची समझ और चेतना की कमी है।

कमजोर एआई: कमजोर एआई, जिसे नैरो एआई के रूप में भी जाना जाता है, एआई सिस्टम को संदर्भित करता है जो विशिष्ट कार्यों को करने या विशेष समस्याओं को हल करने के लिए डिज़ाइन और प्रोग्राम किए जाते हैं। ये प्रणालियाँ विशेषज्ञता के अपने निर्दिष्ट क्षेत्रों में उत्कृष्टता प्राप्त करती हैं लेकिन उनमें सच्ची समझ, चेतना और सामान्य संज्ञानात्मक क्षमताओं का अभाव होता है। उदाहरण: वर्चुअल पर्सनल असिस्टेंट सिरी, गूगल असिस्टेंट या एलेक्सा जैसे वर्चुअल असिस्टेंट कमजोर एआई के उदाहरण हैं। वे अपने पूर्वनिर्धारित दायरे के भीतर उपयोगकर्ता के प्रश्नों को समझ सकते हैं और उनका जवाब दे सकते हैं लेकिन उनके पास व्यापक समझ या चेतना नहीं है। कमजोर एआई आज उपयोग में आने वाला एआई का अधिक प्रचलित रूप है। हालाँकि यह मानव-जैसी बुद्धिमत्ता या चेतना प्राप्त नहीं करता है, यह भाषा अनुवाद, छवि पहचान और डेटा विश्लेषण जैसे कार्यों के लिए अत्यधिक प्रभावी है।

उपरोक्त से हम ये देख सकते हैं कि मजबूत एआई का लक्ष्य मानव-स्तर की बुद्धिमत्ता और चेतना को दोहराना है, जबकि कमजोर एआई विशिष्ट कार्यों पर ध्यान केंद्रित करता है। इस सन्दर्भ में मजबूत एआई किसी भी बौद्धिक कार्य को समझ सकता है, सीख सकता है और निष्पादित कर सकता है, जबकि कमजोरएआई विशिष्ट कार्यों के लिए उपयोगी है और इसमें व्यापक समझ का अभाव है। हालाँकि वर्तमान में मजबूत एआई हासिल करना एक जटिल और सैद्धांतिक चुनौती है, जबकि कमजोर एआई आज उपयोग में आने वाला एआई का अधिक प्रचलित रूप है।

एआई की जटिलता पर आधारित वर्गीकरण: एआई या एआई-आधारित प्रणालियों को एआई की जटिलता के आधार पर चार उपवर्गों में वर्गीकृत किया जा सकता है: (ए) प्रतिक्रियाशील मशीनें, (बी) सीमित-मेमोरी मशीनें, (सी) माइंड का सिद्धांत, और (डी) आत्म-जागरूक एआई। इन तथ्यों को निम्न अनुच्छेदों में संक्षेप में स्पष्ट किया जाएगा:

रिएक्टिव (प्रतिक्रियाशील) मशीन एआई: रिएक्टिव मशीनें एआई सिस्टम हैं जो पूर्वनिर्धारित नियमों और पैटर्न के आधार पर काम करती हैं। उनमें अनुभव से सीखने या नई परिस्थितियों के अनुकूल ढलने की क्षमता नहीं होती। ये मशीनें विशिष्ट कार्यों में उत्कृष्टता रखती हैं लेकिन सामान्यीकरण का अभाव है। प्रतिक्रियाशील एआई प्रणाली का एक प्रमुख उदाहरण आईबीएम का डीप ब्लू मशीन है जिसने 1997 में शतरंज के ग्रैंडमास्टर गैरी कास्परोव को हराकर प्रसिद्धि हासिल की थी। ये उपकरण केवल एक प्रतिबंधित सीमा या इनपुट के संयोजन पर स्वचालित रूप से प्रतिक्रिया करने में सक्षम हैं। ये मशीनें स्मृति पर निर्भर कार्य नहीं करती हैं और कृत्रिम बुद्धिमत्ता पर आधारित प्रारंभिक मशीनें थीं। परिणामस्वरूप, उनकी क्षमताएँ काफी सीमित हैं। नतीजतन, पिछले अनुभव मशीन के भविष्य के कार्यों को निर्देशित करने के लिए इनपुट के रूप में उपयोग करने में सक्षम नहीं हैं, जिसका अर्थ है कि ये कंप्यूटर ज्ञान प्राप्त करने या "सीखने" में असमर्थ हैं। प्रतिक्रियाशील मशीनें अच्छी तरह से परिभाषित नियमों और सीमित परिवर्तनशीलता वाले कार्यों के लिए मूल्यवान हैं। हालाँकि, वे उन जटिल परिदृश्यों को संभालने में सक्षम नहीं हैं जिनके लिए उनकी प्रोग्रामिंग से परे सीखने या तर्क की आवश्यकता होती है।

सीमित मेमोरी एआई: सीमित मेमोरी एआई निर्णय लेने के लिए पिछले अनुभवों और डेटा पर निर्भर रहती है। यह अपने प्रदर्शन को बेहतर बनाने

के लिए ऐतिहासिक डेटा का उपयोग करता है लेकिन इसके प्रशिक्षण से परे सामान्यीकरण करने की क्षमता का अभाव है। उदाहरण के लिए वर्चुअल पर्सनल असिस्टेंट सिरी या गूगल असिस्टेंट जैसे वर्चुअल असिस्टेंट सीमित मेमोरी एआई के अंतर्गत आते हैं। वे ऐतिहासिक इंटरैक्शन और सीखे गए पैटर्न का लाभ उठाकर उपयोगकर्ता के आदेशों को समझ सकते हैं और उनका जवाब दे सकते हैं।

सीमित मेमोरी एआई विशिष्ट कार्यों में माहिर है और पिछले इंटरैक्शन के आधार पर वैयक्तिकृत प्रतिक्रियाएं प्रदान कर सकता है। हालाँकि, इसकी क्षमताएँ उस डेटा द्वारा बाधित होती हैं जिस पर इसे प्रशिक्षित किया गया है, और यह अपने प्रशिक्षण दायरे के बाहर अपरिचित स्थितियों या कार्यों से जूझ सकता है।

थ्योरी ऑफ़ माइंड (माइंड का सिद्धांत): इस सिद्धांत का उद्देश्य मानवीय भावनाओं, इरादों, विश्वासों और संज्ञानात्मक अवस्थाओं को समझना है। एआई के इस स्तर के लिए सिस्टम को दूसरों की मानसिक स्थिति का श्रेय देने और उन स्थितियों के आधार पर उनके व्यवहार की भविष्यवाणी करने की आवश्यकता होगी। इस सिद्धांत की अवधारणा स्वयं और दूसरों की मानसिक स्थितियों, जैसे विश्वासों, इच्छाओं और इरादों को समझने और उनका श्रेय देने की क्षमता को संदर्भित करती है। यह एक उन्नत प्रकार की एआई प्रणाली है जिसे वर्तमान में एक अवधारणा या प्रगति पर कार्य के रूप में विकसित किया जा रहा है। एआई की पिछली दो श्रेणियों के विपरीत, थ्योरी ऑफ़ माइंड एआई को एआई का अगला स्तर माना जाता है। माइंड का सिद्धांत एआई सिस्टम उन प्राणियों की जरूरतों, भावनाओं, विश्वासों और मानसिक प्रक्रियाओं को समझने की क्षमता की क्षमता रखता है जिनसे वे निपटते हैं। सहानुभूति के साथ संवादी एआई माइंड

एआई का सिद्धांत न केवल भाषा को समझने में सक्षम होगा बल्कि भावनात्मक संकेतों को पहचानने और भावनाओं की मानव-जैसी समझ का अनुकरण करते हुए सहानुभूतिपूर्वक प्रतिक्रिया देने में भी सक्षम होगा। यह एक जटिल और महत्वाकांक्षी लक्ष्य है, क्योंकि इसमें मानव जैसी संज्ञानात्मक प्रक्रियाओं को समझना और अनुकरण करना शामिल है। एआई के इस स्तर को हासिल करने के लिए संज्ञानात्मक मनोविज्ञान, भावना पहचान और उन्नत तर्क एल्गोरिदम में प्रगति की आवश्यकता होगी।

स्व-जागरूक एआई: स्व-जागरूक एआई, जो अक्सर विज्ञान कथाओं में एक अवधारणा के रूप में प्रयुक्त होती है, स्व-जागरूक एआई एआई विकास के अंतिम चरण को संदर्भित करता है, जो वर्तमान में केवल सिद्धांत में मौजूद है, और सभी एआई अनुसंधान के अंतिम लक्ष्य का प्रतिनिधित्व करता है। यह उस सिस्टम को संदर्भित करता है जिसमें चेतना, आत्म-जागरूकता और अपनी भावनाओं, कार्यों और अस्तित्व को समझने की क्षमता होती है। सरल शब्दों में यह भी कहा जा सकता है स्व-जागरूक एआई उन एआई प्रणालियों को संदर्भित करता है जो मानव मस्तिष्क के बराबर विकास के स्तर तक पहुंच गए हैं, जो उन्हें आत्म-जागरूकता रखने में सक्षम बनाता है। एआई वर्ण "2001: ए स्पेस ओडिसी" से काल्पनिक एचएएल 9000 पात्र या "टर्मिनेटर" श्रृंखला से स्काईनेट जैसे पात्र आत्म-जागरूक एआई को चित्रित करते हैं। इसीलिये ये पात्र मानव जैसी चेतना और इरादों का प्रदर्शन करते हैं। वास्तव में आत्म-जागरूक एआई बनाना एक अत्यधिक जटिल चुनौती है। इसमें उन्नत संज्ञानात्मक क्षमताओं, व्यक्तिपरक अनुभवों और स्वयं की भावना को विकसित करना शामिल है, जो वर्तमान एआई क्षमताओं और चेतना की हमारी समझ से परे है। एआई के विभिन्न प्रकारों की तुलना चित्र 4 में दर्शाई गई है तथा संक्षिप्त सार स्वरुप निम्न अनुच्छेद में प्रस्तुत की गई है

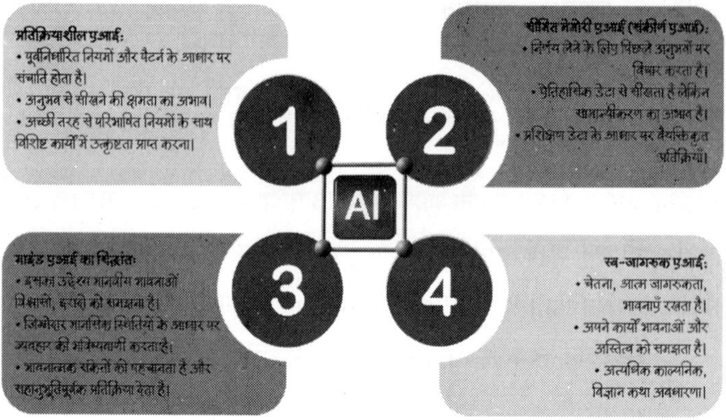

चित्र-4: आर्टिफिशियल इंटेलिजेंस वर्गीकरण

1. **प्रतिक्रियाशील एआई:**
   - पूर्वनिर्धारित नियमों और पैटर्न के आधार पर संचालित होता है।
   - अनुभव से सीखने की क्षमता का अभाव।
   - अच्छी तरह से परिभाषित नियमों के साथ विशिष्ट कार्यों में उत्कृष्टता प्राप्त करना।
   - उदाहरण: शतरंज खेलने वाला एआई, नियम-आधारित सिस्टम।

2. **सीमित मेमोरी एआई (संकीर्ण एआई):**
   - निर्णय लेने के लिए पिछले अनुभवों पर विचार करता है।
   - ऐतिहासिक डेटा से सीखता है लेकिन सामान्यीकरण का अभाव है।
   - प्रशिक्षण डेटा के आधार पर वैयक्तिकृत प्रतिक्रियाएँ।

3. **माइंड एआई का सिद्धांत:**
   - इसका उद्देश्य मानवीय भावनाओं, विश्वासों, इरादों को समझना है।

- जिम्मेदार मानसिक स्थितियों के आधार पर व्यवहार की भविष्यवाणी करता है।
- भावनात्मक संकेतों को पहचानता है और सहानुभूतिपूर्वक प्रतिक्रिया देता है।

4. **स्व-जागरूक एआई:**
   - चेतना, आत्म-जागरूकता, भावनाएँ रखता है।
   - अपने कार्यों, भावनाओं और अस्तित्व को समझता है।
   - अत्यधिक काल्पनिक, विज्ञान कथा अवधारणा।

प्रौद्योगिकी-केंद्रित वर्गीकरण: एआई को वर्गीकृत करने के लिए हम प्रौद्योगिकी-केंद्रित दृष्टिकोणको भी अपना सकते हैं। इस दृष्टिकोण के अनुसार तीन मुख्य उपवर्ग में वर्गीकृत कर सकते हैं - (अ) आर्टिफिशियल नैरो इंटेलिजेंस (एएनआई), (ब) आर्टिफिशियल जनरल इंटेलिजेंस (एजीआई), और (स) आर्टिफिशियल सुपरइंटेलिजेंस (एएसआई)।

आर्टिफिशियल नैरो इंटेलिजेंस (एएनआई): कृत्रिम बुद्धिमत्ता का यह रूप वर्तमान में उपलब्ध सभी AI को समाहित करता है। इन मशीनों की कार्यक्षमता उनके प्रोग्राम किए गए निर्देशों द्वारा सटीक रूप से निर्धारित होती है। तदनुसार, उनके पास क्षमताओं की एक संकीर्ण सीमा है। ये सिस्टम प्रारंभिक एआई वर्गीकरण में उल्लिखित प्रतिक्रियाशील और सीमित-मेमोरी एआई उपवर्गों के साथ संरेखित होते हैं। जलाल के अनुसार एएनआई, जिसे 'कमजोर' एआई भी कहा जाता है, समकालीन दुनिया में प्रचलित अनुभव है (चा, 2019)।

आर्टिफिशियल जनरल इंटेलिजेंस (एजीआई): आर्टिफिशियल जनरल इंटेलिजेंस एक एआई एजेंट की ज्ञान प्राप्त करने, उत्तेजना प्राप्त करने,

जानकारी समझने और उस तरीके से काम करने की क्षमता को संदर्भित करता है जो एक मानव व्यक्ति के समान है। एजीआई सामान्य बुद्धिमान कार्यों को करने के लिए मशीन की क्षमता को संदर्भित करता है, जबकि एएनआई विशिष्ट समस्याओं को हल करने पर ध्यान केंद्रित करता है (जू एट अल , 2021)। एजीआई, आर्टिफिशियल जनरल इंटेलिजेंस का संक्षिप्त रूप, उन रोबोटों को संदर्भित करता है जो मानव जैसी बुद्धि का प्रदर्शन करते हैं और इसे आमतौर पर 'मजबूत' एआई के रूप में जाना जाता है।

आर्टिफिशियल सुपर इंटेलिजेंस (एएसआई): आर्टिफिशियल सुपर इंटेलिजेंस एआई अनुसंधान की उन्नति का शिखर है। यदि एजीआई सफलतापूर्वक विकसित हो जाता है, तो यह हमारे जीवन के तरीके को मौलिक रूप से बदल देगा। एएसआई का प्राथमिक लक्ष्य एक ऐसी मशीन बनाना है जिसमें मानव की तुलना में बेहतर संज्ञानात्मक क्षमताएं हों। अर्नोल्ड श्वार्ज़नेगर का टर्मिनेटर चरित्र का चित्रण आर्टिफिशियल सुपरइंटेलिजेंस (एएसआई) के सराहनीय चित्रण के रूप में कार्य करता है।

उपरोक्त से यह देखा जा सकता है कि रिएक्टिव एआई निश्चित नियमों के साथ काम करता है, जबकि लिमिटेड मेमोरी एआई ऐतिहासिक डेटा से सीखता है। वंही थ्योरी ऑफ माइंड एआई का उद्देश्य बेहतर बातचीत के लिए मानव मानसिक स्थिति को समझना है। इसी समबन्ध में स्व-जागरूक एआई को एक काल्पनिक अवधारणा की तरह देख सकते हैं जिसमें स्वयं की चेतना और समझ शामिल है। प्रत्येक प्रकार एआई विकास में जटिलता और प्रगति के एक अलग स्तर का प्रतिनिधित्व करता है, अंतिम दो विशेष रूप से चुनौतीपूर्ण और भविष्य के लिए उपयोगी अवधारणाएं हैं।

आर्टिफिशियल इंटेलिजेंस: यात्रा और पड़ाव

एआई की प्रगति की यात्रा मानव महत्वाकांक्षाओं, अनवरत प्रयासों और सफलताओं के साथ महत्वपूर्ण मील के पत्थर और परिवर्तनकारी बदलावों द्वारा चिह्नित नवाचार से परिभाषित होती है। इसके विकास से एक रोमांचक यात्रा का पता चलता है जो दशकों तक फैली हुई है और मशीनें क्या हासिल कर सकती हैं, इसके बारे में हमारी धारणा को नया आकार दिया है। कृत्रिम बुद्धिमत्ता (एआई) की उत्पत्ति का पता कंप्यूटिंग के शुरुआती चरणों में लगाया जा सकता है, जिसके दौरान वैज्ञानिकों और इंजीनियरों ने स्वायत्त सोच क्षमताओं के साथ मशीनों को डिजाइन करने की व्यवहार्यता की जांच करने के लिए यात्रा शुरू की थी।

इस सन्दर्भ में वॉरेन मैककुलोच और वाल्टर पिट्स के कार्य को एआई के प्रारंभिक शोध के रूप में बहुत महत्वपूर्ण माना जाता है। इनके कार्य ने दिखाया कि कृत्रिम न्यूरॉन्स से बने नेटवर्क में ट्यूरिंग मशीन के समान कंप्यूटिंग शक्ति होती है। दरअसल 1943 में इन लेखकों ने अपने अध्ययन में तीन अलग-अलग स्रोतों का उपयोग किया जिसमें मस्तिष्क में न्यूरॉन्स की मौलिक शरीर विज्ञान और कार्यक्षमता की व्यापक समझ, रसेल और व्हाइटहेड द्वारा विकसित प्रस्तावात्मक तर्क और ट्यूरिंग के गणना सिद्धांत की गहन जांच सम्मिलित थी। इन लेखकों ने कृत्रिम न्यूरॉन्स के लिए एक सैद्धांतिक रूपरेखा प्रस्तुत की है, जिसमें प्रत्येक न्यूरॉन को "सक्रिय" या "निष्क्रिय" के रूप में परिभाषित किया

गया और जब इसे अपने पड़ोसी न्यूरॉन्स से पर्याप्त इनपुट प्राप्त होता है तो यह सक्रिय अवस्था में परिवर्तित हो जाता है। एक न्यूरॉन की स्थिति की संकल्पना को "एक प्रस्ताव की सटीकता में तुलनीय होने के रूप में तैयार किया गया था।

इसी क्रम में 1950 में, हार्वर्ड विश्वविद्यालय में मार्विन मिन्स्की और डीन एडमंड्स ने सफलतापूर्वक न्यूरल नेटवर्क कंप्यूटर का निर्माण किया। एसएनएआरसी, या सीक्वेंशियल न्यूरल एनालॉग रीइन्फोर्समेंट कंप्यूटर तंत्रिका के रूप में जाना जाने वाला उपकरण, कुल 3000 वैक्यूम ट्यूबों को नियोजित करता है। घटकों के इस समायोजन ने 40 व्यक्तिगत न्यूरॉन्स सहित एक नेटवर्क के अनुकरण की सुविधा प्रदान की।

समकालीन एआई अनुसंधान की शुरुआत का श्रेय जॉन मैक्कार्थी को दिया जाता है, जिन्होंने 1956 में डार्टमाउथ कॉलेज में आयोजित एक सम्मेलन के दौरान "कृत्रिम बुद्धिमत्ता (एआई)" वाक्यांश की शुरुआत की थी। इस घटना ने एआई के वैज्ञानिक अनुशासन की स्थापना में एक महत्वपूर्ण मील के पत्थर के रूप में कार्य किया। इसके बाद के वर्षों में देखी गई प्रगति उल्लेखनीय रही। गणितीय प्रमेयों को सिद्ध करने और बीजगणितीय समस्याओं को हल करने के उद्देश्य से कई वैज्ञानिकों और शिक्षाविदों ने अपना ध्यान स्वचालित तर्क और व्यावहारिक कृत्रिम बुद्धिमत्ता (एआई) के क्षेत्र की ओर केंद्रित किया है। एक उल्लेखनीय उदाहरण लॉजिक थियोरिस्ट एलन नेवेल, हर्बर्ट ए. साइमन और क्लिफ शॉ द्वारा निर्मित एक कंप्यूटर प्रोग्राम है। यह प्रोग्राम "प्रिंसिपिया मैथमेटिका" में प्रस्तुत शुरुआती 52 प्रमेयों में से 38 की वैधता को सफलतापूर्वक स्थापित करता है, जबकि कुछ प्रमेयों के लिए अधिक परिष्कृत और सुंदर प्रमाण भी प्रदान करता है। 1958 में जॉन मैक्कार्थी ने एलआईएसपी प्रोग्रामिंग भाषा की शुरुआत की

ऊपर उल्लिखित उपलब्धियों ने कृत्रिम बुद्धिमत्ता (एआई) के क्षेत्र में कई अग्रदूतों के बीच आशा पैदा की, जो इस विश्वास की नींव के रूप में काम कर रही थी कि पूरी तरह से बुद्धिमान रोबोट का विकास करना संभव था। हालाँकि समय के साथ, उनके लिए यह स्पष्ट हो गया कि मानवीय क्षमताओं के बराबर मशीनी बुद्धि प्राप्त करने के अंतिम उद्देश्य को प्राप्त करने के लिए अभी भी बहुत कार्य करने की आवश्यकता है।

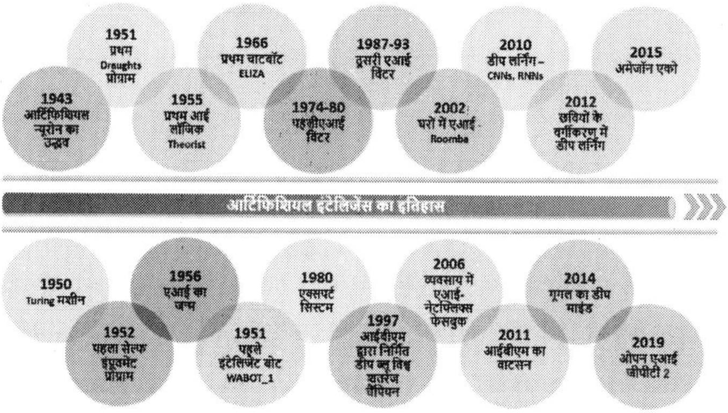

चित्र-5: आर्टिफिशियल इंटेलिजेंस की विकास यात्रा

एआई का पुनरुत्थान 1980 के बाद के दशक में हुआ, जब कई शोध संस्थानों और कॉलेजों ने एआई सिस्टम का एक वर्ग- एक्सपर्ट सिस्टम (विशेषज्ञ प्रणालियों) को विकसित किया, जो मूलभूत नियमों के एक सेट को विकसित करने के लिए विशेष ज्ञान का उपयोग करता था। इन प्रणालियों का उद्देश्य सूचित निर्णय लेने में विशेषज्ञता की कमी वाले व्यक्तियों की सहायता करना था। दो उल्लेखनीय उदाहरणों में कार्नेगी मेलन विश्वविद्यालय द्वारा विकसित XCON प्रणाली और स्टैनफोर्ड विश्वविद्यालय द्वारा डिज़ाइन की

गई MYCIN प्रणाली शामिल हैं। विशेषज्ञ प्रणाली ने वास्तविक दुनिया की चुनौतियों का समाधान करने के लिए सफलतापूर्वक तार्किक नियम तैयार किए। इस दौरान, एआई अनुसंधान , ज्ञान के अधिग्रहण और उपयोग के माध्यम से मशीन इंटेलिजेंस को बढ़ाने पर केंद्रित है। लेकिन बाद में विशेषज्ञ प्रणाली से सम्बंधित उत्तरोत्तर कई कमियों का खुलासा किया, जिनमें गोपनीयता संबंधी चिंताएं, सीमित अनुकूलनशीलता, सीमित बहुमुखी प्रतिभा, उच्च रखरखाव व्यय और अन्य संबंधित मुद्दे शामिल हैं। 1993 से 2011 की अवधि में आई के अधिक व्यावहारिक और केंद्रित अनुप्रयोगों हुए तथा बुद्धिमान एजेंटों का विकास हुआ और मशीन लर्निंग तकनीकों में सुधार आया। 2006 में, जेफ्री हिंटन और सहकर्मियों ने डीप लर्निंग नेटवर्क के निर्माण से सम्बन्धी शोध में सफलता हासिल की। इसने एआई अनुसंधान को फिर से जागृत किया और डीएल एल्गोरिदम एआई अनुसंधान के सबसे सक्रिय क्षेत्रों में से एक बन गया है। डीप लर्निंग (डीएल) मशीन लर्निंग (एमएल) की एक विशिष्ट शाखा है जो सीखने के लिए कई परतों वाले तंत्रिका नेटवर्क का उपयोग करती है। डीप लर्निंग को मुख्य रूप से गहरे तंत्रिका नेटवर्क के उपयोग से अलग किया जाता है, जो परस्पर जुड़े नोड्स की कई परतों से बने होते हैं। तंत्रिका नेटवर्क डेटा के भीतर पदानुक्रमित पैटर्न और विशेषताओं की पहचान और अन्वेषण के माध्यम से डेटा के जटिल प्रतिनिधित्व प्राप्त करने की क्षमता प्रदान करते हैं। डीप लर्निंग एल्गोरिदम में स्वायत्त रूप से ज्ञान प्राप्त करने और डेटा का उपयोग करके अपने प्रदर्शन को बढ़ाने की क्षमता होती है, जिससे मैन्युअल फीचर इंजीनियरिंग की आवश्यकता समाप्त हो जाती है। नीचे एआई की यात्रा के प्रमुख मील के पत्थर प्रस्तुत किए गए हैं जो इसकी शुरुआत से लेकर समकालीन प्रगति तक के विकास को चित्रित करते हैं।

आर्टिफिशियल इंटेलिजेंस का जन्म (1952 - 1956) इस चरण में एक शैक्षणिक क्षेत्र के रूप में आर्टिफिशियल इंटेलिजेंस (एआई) की औपचारिक स्थापना और प्रारंभिक एआई कार्यक्रमों का उदय हुआ।

- 1955: एलन नेवेल और हर्बर्ट ए. साइमन ने गणितीय प्रमेयों को सिद्ध करने में सक्षम पहला एआई प्रोग्राम "लॉजिक थियोरिस्ट" विकसित किया।
- 1956: "आर्टिफिशियल इंटेलिजेंस" शब्द जॉन मैक्कार्थी द्वारा डार्टमाउथ कार्यशाला के दौरान गढ़ा गया था, जिसने एक आधिकारिक शैक्षणिक अनुशासन के रूप में एआई की शुरुआत को चिह्नित किया।
- LISP और FORTRAN जैसी उच्च-स्तरीय प्रोग्रामिंग भाषाएँ पेश की गईं, जो एआई अनुसंधान के लिए उपकरण प्रदान करती हैं।

इस चरण में एआई के प्रति उत्साह बहुत अधिक था, जिससे यह विश्वास पैदा हुआ कि निकट भविष्य में मानव-स्तरीय एआई प्राप्त किया जा सकता है। इस अवधि ने एक अकादमिक क्षेत्र के रूप में एआई की नींव रखी और मानव बुद्धि का अनुकरण करने वाली मशीनें बनाने की क्षमता का पता लगाने के लिए शोधकर्ताओं को एक साथ लाया। इस दौरान उत्पन्न आशा और उत्साह ने एआई अनुसंधान और विकास में महत्वपूर्ण प्रगति के लिए आधार तैयार किया।

स्वर्णिम वर्ष-प्रारंभिक उत्साह (1956-1974): इस अवधि के दौरान, एआई शोधकर्ताओं ने उल्लेखनीय प्रगति की, एआई प्रोग्राम बनाए जो जटिल समस्याओं को हल कर सकते थे और मनुष्यों के साथ बातचीत कर सकते थे। एआई की क्षमता को लेकर उत्साह बढ़ा, जिससे विभिन्न एआई उपक्षेत्रों में महत्वपूर्ण निवेश और प्रगति हुई।

- 1958: जॉन मैक्कार्थी ने एलआईएसपी प्रोग्रामिंग भाषा की शुरुआत की, जिसका एआई अनुसंधान और विकास में व्यापक रूप से उपयोग किया गया।
- 1959: एलन नेवेल और हर्बर्ट ए. साइमन ने जनरल प्रॉब्लम सॉल्वर (जीपीएस) विकसित किया, एक ऐसा प्रोग्राम जो कई प्रकार की समस्याओं का समाधान कर सकता है।
- 1961: जेम्स स्लैगल ने SAINT विकसित किया, जो मशीन लर्निंग का एक प्रारंभिक उदाहरण है, जिसने बीजगणित की शब्द समस्याओं को हल करने के लिए एक अनुमानी दृष्टिकोण का उपयोग किया।
- 1963: एडवर्ड फेगेनबाम ने डेन्ड्रल कार्यक्रम विकसित किया, जो रसायन विज्ञान में विशेषज्ञ प्रणालियों का एक अग्रणी उदाहरण है।
- 1966: जोसेफ वेइज़ेनबाम ने एलिज़ा बनाया, जो पहले चैट-बॉट्स में से एक था, जो मानव वार्तालाप का अनुकरण करने में सक्षम था, और गणितीय समस्याओं को भी हल कर सकता था।
- 1972: जापान ने पहला रचनात्मक रोबोट WABOT-1 बनाया।

पहली एआई विंटर (1974 - 1980): इस अवधि में एआई प्रौद्योगिकियों के सामने आने वाली अपेक्षाओं और चुनौतियों के कारण आर्टिफिशियल इंटेलिजेंस (एआई) अनुसंधान के लिए उत्साह और वित्त पोषण में गिरावट देखी गई।

- 1974: बहुत सी उम्मीदें पूरी न होने के कारण एआई अनुसंधान परियोजनाओं के लिए फंडिंग में सरकारी एजेंसियों से कटौती का सामना करना पड़ा।

- 1975: सर जेम्स लाइटहिल की रिपोर्ट में एआई अनुसंधान की आलोचना की गई, जिससे यूनाइटेड किंगडम में फंडिंग कम हो गई।
- 1980: मानवीय क्षमताओं से मेल खाने वाली बुद्धिमान प्रणालियाँ बनाने में कठिनाई के कारण एआई की व्यवहार्यता के बारे में संदेह पैदा हुआ।

इस एआई विंटर के दौरान, एआई समुदाय को अत्यधिक वादे करने और कम डिलीवरी करने के लिए आलोचना का सामना करना पड़ा। फंडिंग में कटौती और कम उपलब्धियों ने प्रगति को धीमा कर दिया, और शोधकर्ताओं को पहले से निर्धारित उच्च महत्वाकांक्षाओं को साकार करने में चुनौतियों का सामना करना पड़ा।

एआई विकास का पुनरुत्थान (1980 - 1987): इस अवधि में विभिन्न एआई प्रौद्योगिकियों में सफलताओं के साथ आर्टिफिशियल इंटेलिजेंस (एआई) में रुचि और विकास का पुनरुत्थान हुआ।

- 1980: विशेषज्ञ प्रणालियों को प्रमुखता मिली, जिससे नियम-आधारित प्रणालियों का विकास हुआ जो विशिष्ट डोमेन में मानव विशेषज्ञता का अनुकरण कर सकते थे।
- 1982: MYCIN प्रणाली ने स्वास्थ्य देखभाल में एआई की क्षमता को प्रदर्शित करते हुए जीवाणु संक्रमण के निदान में विशेषज्ञ-स्तरीय प्रदर्शन का प्रदर्शन किया।
- 1985: तंत्रिका नेटवर्क और कनेक्शनिस्ट मॉडल के पुनरुत्थान ने मशीन लर्निंग और पैटर्न पहचान में प्रगति को बढ़ावा दिया।
- 1987: "बैकप्रॉपैगेशन" एल्गोरिदम के विकास से तंत्रिका नेटवर्क के प्रशिक्षण में काफी सुधार हुआ।

इस अवधि के दौरान, विशेषज्ञ प्रणालियों और तंत्रिका नेटवर्क ने एआई की क्षमता में नए सिरे से कार्य किया। चिकित्सा और पैटर्न पहचान जैसे क्षेत्रों

में व्यावहारिक अनुप्रयोगों ने प्रदर्शित किया कि एआई मूल्यवान समाधान और अंतर्दृष्टि प्रदान कर सकता है।

दूसरा एआई शीतकाल (1987 - 1993): इस युग में आर्टिफिशियल इंटेलिजेंस (एआई) अनुसंधान और विकास में एक और गिरावट आई, जिसमें सीमित फंडिंग और कम रुचि शामिल थी।

- 1987: विशेषज्ञ प्रणालियों की सीमाओं और एआई प्रौद्योगिकियों को बढ़ाने की चुनौतियों के कारण एआई परियोजनाओं के लिए वित्त पोषण में कमी आई।
- 1991: पहले किए गए कुछ महत्वाकांक्षी वादों को पूरा करने में एआई की असमर्थता ने समर्थन और निवेश में गिरावट का कारण बना दिया।
- 1993: कम फंडिंग और महत्वपूर्ण सफलताओं की कमी के कारण एआई अनुसंधान गतिविधि में गिरावट आई।

इस एआई शीतकाल के दौरान, एआई को लेकर उत्साह एक बार पुनः फीका पड़ गया क्योंकि मौजूदा प्रौद्योगिकियों की व्यावहारिक सीमाएं अधिक स्पष्ट हो गईं। फंडिंग में कटौती और एआई की क्षमताओं के बारे में संदेह के कारण क्षेत्र में विकास और प्रगति में कमी आई।

बुद्धिमान एजेंटों का उद्भव (1993 - 2011): इस अवधि में आर्टिफिशियल इंटेलिजेंस (एआई) के अधिक व्यावहारिक और केंद्रित अनुप्रयोगों की ओर बदलाव देखा गया, जिससे बुद्धिमान एजेंटों का विकास हुआ और मशीन लर्निंग तकनीकों में सुधार हुआ।

- 1997: आईबीएम के डीप ब्लू ने विश्व शतरंज चैंपियन गैरी कास्पारोव को हराकर जटिल खेलों में उत्कृष्टता हासिल करने की एआई की क्षमता का प्रदर्शन किया।

- 2000 का दशक: मशीन लर्निंग एल्गोरिदम, जैसे सपोर्ट वेक्टर मशीन और रैंडम फॉरेस्ट ने लोकप्रियता हासिल की और विभिन्न डोमेन पर लागू किए गए।
- 2002: एआई वैक्यूम क्लीनर, रूम्बा के रूप में घर में आया।
- 2004: DARPA ग्रैंड चैलेंज ने एआई और रोबोटिक्स की सीमाओं को आगे बढ़ाते हुए स्वायत्त वाहनों में प्रगति का प्रदर्शन किया।
- 2006: प्राकृतिक भाषा प्रसंस्करण (एनएलपी) में महत्वपूर्ण प्रगति देखी गई, जिससे भाषा अनुवाद और भावना विश्लेषण जैसे अनुप्रयोग सक्षम हो गए। एआई ने व्यापार जगत में प्रवेश किया। Netflix, Twitter और Facebook जैसी कंपनियों ने एआई के साथ काम करना शुरू कर दिया।
- 2010: डीप लर्निंग, विशेष रूप से कन्वेन्शनल न्यूरल नेटवर्क (सीएनएन) और रिकरंट न्यूरल नेटवर्क (आरएनएन) ने छवि पहचान और प्राकृतिक भाषा समझ में एआई की क्षमताओं में क्रांति ला दी।

इस अवधि के दौरान, गेमिंग, भाषा प्रसंस्करण, स्वायत्त वाहनों और अन्य व्यावहारिक अनुप्रयोगों में प्रगति के साथ, एआई प्रौद्योगिकियां रोजमर्रा की जिंदगी में अधिक एकीकृत हो गईं। ध्यान बुद्धिमान प्रणालियों के निर्माण की ओर स्थानांतरित हो गया जो मनुष्योंके साथ बातचीत कर सके और मूल्यवान सेवाएं प्रदान कर सके।

गहन शिक्षा, बड़ा डेटा और कृत्रिम सामान्य बुद्धिमत्ता (2011-वर्तमान)

इस समय एआई क्षेत्रको उल्लेखनीय सफलताओं ने विशेष पहचान दिलाई जो

गहन शिक्षा में प्रगति, बड़े डेटा की बढ़ती उपलब्धता और कृत्रिम सामान्य बुद्धि की अवधारणा की खोज से प्रेरित है।

- 2011: आईबीएम के वॉटसन ने क्विज़ शो "जियोपार्डी!" में प्राकृतिक भाषा प्रसंस्करण और जटिल तर्क क्षमताओं का प्रदर्शन करके जीत हासिल की॥
- 2012: इमेजनेट प्रतियोगिता ने छवि वर्गीकरण में गहन शिक्षण एल्गोरिदम, विशेष रूप से कन्वेन्शनल न्यूरल नेटवर्क (सीएनएन) की शक्ति विकसित हुई।
- 2014: Google के डीपमाइंड ने एक न्यूरल नेटवर्क विकसित किया जिसने गहन सुदृढीकरण सीखने की क्षमता का प्रदर्शन करते हुए वीडियो गेम खेलना सीखा।
- 2019: ओपनएआई के जीपीटी ने एक विशाल भाषा मॉडल का उपयोग करके मानव-जैसी क्षमताओं का प्रदर्शन किया, जिससे एआई के संभावित योगदान और क्षमता के बारे में पुनः एक नए सिरे से चर्चा हो रही है।

वर्तमान परिदृश्य में एआई अनुसंधान उन्नत एआई मॉडल के निर्माण, गहन शिक्षण, सुदृढीकरण सीखने की सीमाओं को आगे बढ़ाने और कृत्रिम सामान्य बुद्धि के दृष्टिकोण की खोज पर केंद्रित है। इस अवधि में एआई की क्षमताओं में वृद्धि देखी गई है, जो गहन शिक्षण सफलताओं और विशाल डेटासेट की उपलब्धता से प्रेरित है। मानव-जैसी समझ और तर्क करने में सक्षम अधिक परिष्कृत एआई सिस्टम विकसित करने के निरंतर प्रयासों के साथ, एआई अनुप्रयोगों ने विभिन्न उद्योगों में प्रवेश किया है।

आर्टिफिशियल इंटेलिजेंस: कार्यक्षेत्र और तकनीकें

आर्टिफिशियल इंटेलिजेंस आज मानव अस्तित्व के लगभग हर पहलू को प्रभावित कर रहा है। इसकी बहु-विषयक विशेषता के चलते इसमें विभिन्न कार्यक्षेत्र (डोमेन) और तकनीकें शामिल हैं। यह तकनीकें मिलकर बुद्धिमान प्रणालियों और अनुप्रयोगों के विकास को सक्षम बनाती हैं प्रत्येक की अपनी अलग-अलग कार्यप्रणाली और रणनीतियाँ हैं जो उस क्षेत्र के भीतर विशिष्ट बाधाओं को निष्पादित करने और उपयोगों को सुविधाजनक बन्नने के लिए डिज़ाइन की गई हैं। इस अध्याय में कृत्रिम बुद्धिमत्ता के मौलिक कार्यक्क्षेत्रों को नीचे चित्र में दर्शाया गया है तत्पश्चात उनसे संबंधित प्रक्रियाएं और तकनीकों पर विस्तृत चर्चा की गई हैं।

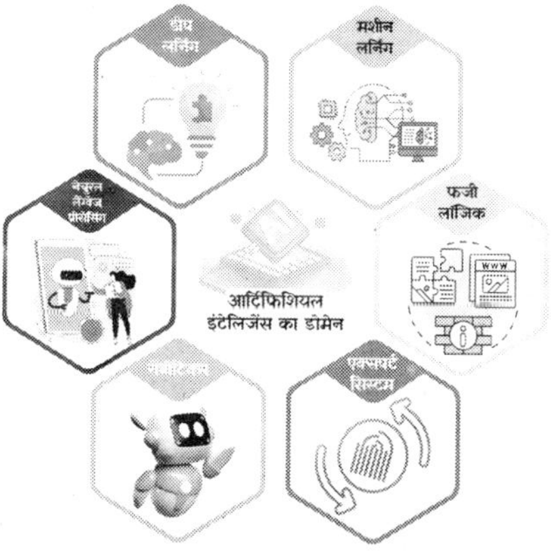

चित्र-6: आर्टिफिशियल इंटेलिजेंस: मौलिक कार्यक्षेत्र

एआई के क्षेत्र में प्राकृतिक भाषा प्रसंस्करण (एनएलपी), कंप्यूटर विजन और रोबोटिक्स जैसे विभिन्न डोमेन शामिल हैं। एनएलपी मशीनों को मानव भाषाओं को समझने और संवाद करने में सक्षम बनाता है, जबकि कंप्यूटर विज़न उन्हें दृश्य डेटा की व्याख्या करने और समझने में सक्षम बनाता है। रोबोटिक्स बुद्धिमान मशीनों को स्वायत्त रूप से भौतिक कार्य करने की अनुमति देता है। एआई के इन डोमेन का विस्तार हुआ है और ये लगातार विकसित हो रहे हैं, जिनमें उद्योगों और समाज को महत्वपूर्ण रूप से बदलने की क्षमता है। यह अध्याय इन्हीं विशिष्ट प्रक्रियाओं और पद्धतियों पर केंद्रित है जो एआई प्रगति को बढ़ावा देते हैं, जिससे उनके व्यावहारिक कार्यान्वयन की अधिक गहन समझ संभव हो पाती है।

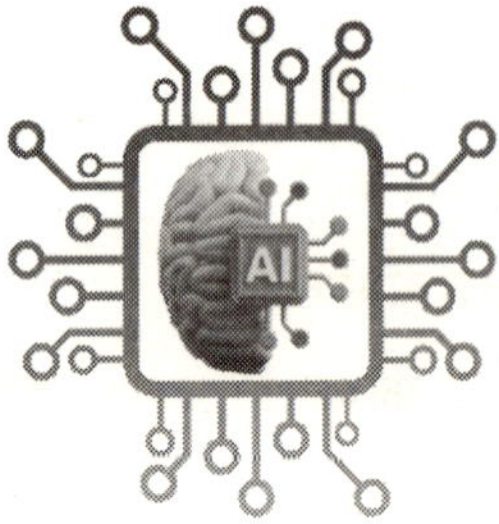

1. मशीन लर्निंग: मशीन लर्निंग (एमएल) आर्टिफिशियल इंटेलिजेंस (एआई) के भीतर एक प्रमुख डोमेन है जो एल्गोरिदम और मॉडल के विकास पर केंद्रित है एवंकंप्यूटर को डेटा से सीखने और स्पष्ट रूप से प्रोग्राम किए बिना भविष्यवाणियां या निर्णय लेने में सक्षम बनाता है। इसमें उन तकनीकों का अध्ययन शामिल है जो सिस्टम को अनुभव के माध्यम से अपने प्रदर्शन में सुधार करने की अनुमति देते हैं। मशीन लर्निंग के प्रमुख पहलू निम्नलिखित अनुच्छेदों में वर्णित किये गए हैं

प्रशिक्षण डेटा: एमएल एल्गोरिदम लेबल किए गए डेटा से सीखते हैं, जहां इनपुट सुविधाएं संबंधित लक्ष्य परिणामों से जुड़ी होती हैं। मशीन लर्निंग के अंतर्गत प्रमुख रूप से तीन प्रकार की विधियां प्रयुक्त होती हैं

- **पर्यवेक्षित शिक्षण:** एल्गोरिदम पूर्वानुमान या वर्गीकरण करने के लिए लेबल किए गए डेटा से पैटर्न सीखते हैं। छवि वर्गीकरण (छवियों में वस्तुओं की पहचान करना), भावना विश्लेषण (पाठ से भावनाओं का निर्धारण), और धोखाधड़ी का पता लगाना जैसी गतिविधियाँ पर्यवेक्षित शिक्षण के मुख्य उदाहरण है।

- **अपर्यवेक्षित शिक्षण:** एल्गोरिदम बिना लेबल वाले डेटा में पैटर्न ढूंढते हैं, जिसका उपयोग अक्सर क्लस्टरिंग या आयामीता में कमी लाने के लिए किया जाता है।

- **रिन्फोर्समेंट लर्निंग:** एजेंट पर्यावरण के साथ बातचीत करके, अच्छे कार्यों के लिए पुरस्कार और बुरे कार्यों के लिए दंड प्राप्त करके सीखते हैं।

मॉडल बिल्डिंग: एमएल में ऐसे मॉडल बनाना शामिल है जो डेटा में पैटर्न कैप्चर करते हैं। ये मॉडल रैखिक प्रतिगमन से लेकर जटिल तंत्रिका नेटवर्क तक हो सकते हैं।

फ़ीचर निष्कर्षण: फ़ीचर चयन या निष्कर्षण में डेटा से प्रासंगिक विशेषताओं की पहचान करना सम्मिलित होता है जो सटीक भविष्यवाणियों में योगदान करते हैं।

सामान्यीकरण: एमएल मॉडल का लक्ष्य प्रशिक्षण डेटा से लेकर नए एवं अनदेखे डेटा तक के पैटर्न के लिए उपयुक्त बनाना है। ओवर-फिटिंग (प्रशिक्षण डेटा को याद रखने वाला मॉडल) और अंडर-फिटिंग (मॉडल पैटर्न कैप्चर नहीं करना) आम चुनौतियां हैं।

मशीन लर्निंग तकनीक के अनुप्रयोग: मशीन लर्निंग (एमएल) तकनीक में अनुभव के माध्यम से सिस्टम द्वारा ज्ञान के अधिग्रहण की क्षमता होती है।

दरअसल पूर्व-प्रोग्राम के द्वारा जानकारी लेने के बजाय, एमएल व्यापक अवलोकनों के माध्यम से सीखने और ज्ञान संग्रहित करने और सीखने के माध्यम से नए ज्ञान प्राप्त करके अपनी क्षमताओं को बढ़ाने और विस्तारित करने की क्षमता इसे विशिष्ट बनाती है। एमएल एक व्यापक क्षेत्र है जिसने सीखने की प्रक्रियाओं को समझने के लिए आवश्यक सांख्यिकीय-कम्प्यूटेशनल सिद्धांत विकसित किए हैं। इसने शिक्षण एल्गोरिदम भी बनाए हैं जो आमतौर पर वाक् पहचान और कंप्यूटर विज़न जैसी व्यावसायिक प्रणालियों में नियोजित होते हैं। इसके अतिरिक्त, एमएल ने एक डेटा माइनिंग उद्योग को जन्म दिया है जो ऑनलाइन डेटा की बढ़ती मात्रा में छिपे हुए पैटर्न को उजागर करता है (मिशेल, 2006)। ये रणनीतियाँ डेटा की बुद्धिमान रिकॉर्डिंग और तार्किक विश्लेषण के माध्यम से वर्तमान जानकारी के संगठन और नए ज्ञान के अधिग्रहण की सुविधा प्रदान करती हैं। सीखने की प्रणालियों ने परिणामों की एक विस्तृत श्रृंखला प्रदर्शित की है, जो सरल रटने से लेकर व्यापक और नवीन वैज्ञानिक परिकल्पनाओं के विकास तक फैली हुई है।

- **रिग्रेशन प्रतिगमन** एल्गोरिदम निरंतर मूल्यों के बारे में पूर्वानुमान लगाने के लिए इनपुट चर का उपयोग करते हैं। प्रतिगमन का मुख्य लक्ष्य इनपुट और आउटपुट चर के आधार पर मैपिंग फ़ंक्शन जैसे कि आय, स्कोर, ऊंचाई, वजन, इत्यादि का अनुमान लगाना है। यदि आप जिस चर की भविष्यवाणी करने की कोशिश कर रहे हैं वह एक मात्रात्मक राशि है या जिसमें द्विआधारी परिणाम की संभावना (जैसे कि विशिष्ट स्थानों में बारिश की संभावना) है तो प्रतिगमन मॉडल का उपयोग करने की सिफारिश की जाती है।

- **क्लासीफिकेशन (वर्गीकरण):** यह एक पूर्वानुमानित मॉडल है जो असतत आउटपुट वेरिएबल की पहचान करने के लिए इनपुट वेरिएबल से मैपिंग फ़ंक्शन का अनुमान लगाता है जो लेबल या श्रेणियां हो सकती हैं। यह एल्गोरिदम मौजूदा डेटा को देख कर बताता है कि डेटा किस श्रेणी या वर्ग से संबंधित है। वर्गीकरण का उपयोग स्पैम मेल्स को वर्गीकृत करने के लिए वर्षों से किया जा रहा है। आज के समय में मशीन डेटा के साथ, इसका उपयोग कई ज्ञात मापदंडों (जैसे आर्द्रता, ताकत, रंग,) द्वारा सामग्री की गुणवत्ता का अनुमान लगाने के लिए किया जा सकता है।
- **क्लस्टरिंग:** क्लस्टरिंग एक अप्रशिक्षित लर्निंग तकनीक है जो पूर्वनिर्धारित लेबल के बिना समान डेटा बिंदुओं को समूहीकृत करने के लिए उपयोग में लायी जाती है। क्लस्टरिंग के साथ, एल्गोरिदम बिना किसी लेबल के डेटा सेट में एक पैटर्न ढूंढने का प्रयास करता है। उदाहरण के लिए ग्राहकों के खरीदारी के व्यवहार से संबधित डेटा का विश्लेषण कर का एक समूह हो सकता है। ग्राहकों की विभिन्न विशेषताएं जैसे घरेलू आय, आयु, शहर के आधार पर विभिन्न उपभोक्ताओं के समूह बनाए जा सकते हैं। इस सन्दर्भ में यह आवश्यक जानकारी को बनाए रखते हुए किसी डाटा के आयामों या पैरामीटर्स की संख्या को कम करने में मददगार हो सकता है।
- **न्यूरल नेटवर्क:** न्यूरल नेटवर्क को आर्टिफ़िसिअल न्यूरल नेटवर्क (एएनएन) या सिम्युलेटेड तंत्रिका नेटवर्क (एसएनएन) भी कहा जाता है। यह मशीन लर्निंग का एक उपसमूह हैं और गहन शिक्षण एल्गोरिदम की रीढ़ कहा जता हैं। "न्यूरल" शब्द का उपयोग इसलिए

किया जाता है क्योंकि ये सिस्टम मस्तिष्क में न्यूरॉन्स एक दूसरे के साथ संवाद करने के तरीके की नकल करते हैं। न्यूरल नेटवर्क में नोड स्तर होते हैं, जिसमें एक इनपुट परत, एक या अधिक छिपी हुई परतें और एक आउटपुट परत शामिल होती है। प्रत्येक नोड एक कृत्रिम न्यूरॉन का प्रतिनिधित्व करता है जो अगले नोड से जुड़ा होता है, और प्रत्येक नोड का वजन और सीमा मूल्य होता है। यदि किसी नोड का आउटपुट थ्रेशोल्ड मान से अधिक हो जाता है, तो नोड सक्रिय हो जाता है और अपना डेटा नेटवर्क की अगली परत तक पहुंचाता है। यदि मान निर्दिष्ट सीमा से कम है, तो कोई डेटा प्रसारित नहीं होता है।

मशीन लर्निंग स्वास्थ्य सेवा, वित्त, विपणन और प्रौद्योगिकी सहित विभिन्न उद्योगों में महत्वपूर्ण भूमिका निभाती है। यह सिस्टम को डेटा-संचालित निर्णय लेने के लिए सशक्त बनाता है और बड़े पैमाने पर डेटासेट से अंतर्दृष्टि प्रदान करता है जिसका मैन्युअल रूप से विश्लेषण करना मनुष्यों के लिए चुनौतीपूर्ण होगा।

डीप लर्निंग: डीप लर्निंग आर्टिफिशियल इंटेलिजेंस (एआई) के भीतर एक विशेष डोमेन है जो डेटा में जटिल पैटर्न को मॉडल और व्याख्या करने के लिए कई परतों के साथ तंत्रिका नेटवर्क के विकास और अनुप्रयोग पर केंद्रित है। यह बड़े डेटासेट और छवि और वाक् पहचान जैसी जटिल सुविधाओं वाले कार्यों के लिए विशेष रूप से प्रभावी है। डीप लर्निंग (डीएल), मशीन लर्निंग (एमएल) और आर्टिफिशियल इंटेलिजेंस (एआई) की एक शाखा है जो आज की चौथी औद्योगिक क्रांति (उद्योग 4.0) में मुख्य भूमिका निभा रही है। डेटा से सीखने की अपनी क्षमताओं के कारण, यह कंप्यूटिंग के संदर्भ में चर्चा का विषय बन गई है, और स्वास्थ्य देखभाल, दृश्य पहचान, टेक्स्ट एनालिटिक्स, साइबर सुरक्षा और

कई अन्य अनुप्रयोगों जैसे विभिन्न अनुप्रयोग क्षेत्रों में व्यापक रूप से लागू किया जा रहा है। डीप लर्निंग के प्रमुख पहलू इस प्रकार हैं

- **न्यूरल नेटवर्क:** गहन शिक्षण क्रमिक रूप से डेटा को संसाधित करने, उत्तरोत्तर अमूर्त सुविधाओं को कैप्चर करने के लिए कई परतों (गहरे तंत्रिका नेटवर्क) वाले तंत्रिका नेटवर्क पर निर्भर करता है।
- **फ़ीचर एक्सट्रैक्शन:** डीप नेटवर्क स्वचालित रूप से कच्चे डेटा से प्रासंगिक फ़ीचर निकालता है, जिससे मैन्युअल फ़ीचर इंजीनियरिंग की आवश्यकता समाप्त हो जाती है।
- **पदानुक्रमित प्रतिनिधित्व:** न्यूरल नेटवर्क डेटा का पदानुक्रमित प्रतिनिधित्व बनाते हैं, जिसमें निचली परतें सरल सुविधाओं (किनारों, आकार) को कैप्चर करती हैं और उच्च परतें जटिल गुणों या फीचर्स (ऑब्जेक्ट्स, शब्दार्थ) को कैप्चर करती हैं।
- **प्रशिक्षण प्रक्रिया:** डीप नेटवर्क को बैकप्रॉपैगेशन का उपयोग करके प्रशिक्षित किया जाता है, जहां वजन को अद्यतन करने और प्रदर्शन को अनुकूलित करने के लिए परतों के माध्यम से त्रुटियों को पीछे की ओर प्रचारित किया जाता है।
- **डेटा प्रचुरता:** बड़े डेटासेट से डीप लर्निंग को लाभ होता है, क्योंकि मॉडल की बढ़ती जटिलता के कारण प्रभावी प्रशिक्षण के लिए पर्याप्त मात्रा में डेटा की आवश्यकता होती है।
- **अनुप्रयोग:** गहन शिक्षण छवि पहचान, भाषण संश्लेषण और मान्यता, प्राकृतिक भाषा प्रसंस्करण के प्रमुख पहलुओं को नीचे वर्णित किया गया है।

डीप लर्निंग तकनीकें कन्वेन्शनल न्यूरल नेटवर्क (सीएनएन): इमेज प्रोसेसिंग कार्यों के लिए विशेष। सीएनएन छवियों में सुविधाओं और पैटर्न का पता लगाने के लिए कन्वेन्शनल परतों का उपयोग करते हैं।

- **आवर्ती न्यूरल नेटवर्क (आरएनएन):** पाठ या समय श्रृंखला जैसे अनुक्रम डेटा के लिए उपयुक्त होती है। आरएनएन समय के साथ संदर्भ को पकड़ने के लिए मेमोरी कोशिकाओं को बनाए रखते हैं।

- **जेनरेटिव एडवरसैरियल नेटवर्क (जीएएन):** इसमें दो नेटवर्क होते हैं, एक जेनरेटर और एक डिस्क्रिमिनेटर, जो चित्र या वीडियो जैसे यथार्थवादी डेटा बनाने के लिए एक-दूसरे के साथ प्रतिस्पर्धा करते हैं।

- **लॉन्ग शॉर्ट-टर्म मेमोरी (LSTM):** एक प्रकार का आरएनएन जिसे लुप्त हो रही ग्रेडिएंट समस्या को दूर करने के लिए डिज़ाइन किया गया है, जो इसे लंबे अनुक्रमों के लिए कुशल बनाता है।

- **ट्रांसफार्मर नेटवर्क:** भाषा अनुवाद जैसे अनुक्रम-दर-अनुक्रम कार्यों के लिए उपयोग किया जाता है। ट्रांसफॉर्मर प्रासंगिक संबंधों को पकड़ने में उत्कृष्टता प्राप्त करते हैं।

डीप लर्निंग की कच्चे डेटा से पदानुक्रमित विशेषताओं को स्वचालित रूप से सीखने की क्षमता ने कंप्यूटर दृष्टि, प्राकृतिक भाषा प्रसंस्करण और यहां तक कि दवा की खोज सहित विभिन्न उद्योगों में क्रांति लायी है। जैसे-जैसे कंप्यूटिंग शक्ति और डेटा उपलब्धता बढ़ेगी, गहरी शिक्षा एआई क्षमताओं की सीमाओं को आगे बढ़ाती रहती है।

प्राकृतिक भाषा प्रसंस्करण (एनएलपी): प्राकृतिक भाषा प्रसंस्करण (एनएलपी) आर्टिफिशियल इंटेलिजेंस (एआई) के भीतर एक महत्वपूर्ण

डोमेन है जो कंप्यूटर को मानव भाषा को समझने, व्याख्या करने और कंटेंट उत्पन्न करने में सक्षम बनाने पर केंद्रित है जो सार्थक और प्रासंगिक दोनों है। एनएलपी उन अनुप्रयोगों के निर्माण के लिए आवश्यक है जो पाठ या भाषण के माध्यम से मनुष्यों के साथ बातचीत करते हैं। प्राकृतिक भाषा प्रसंस्करण के प्रमुख पहलुओं को नीचे वर्णित किया गया है

- टेक्स्ट को समझना: एनएलपी एल्गोरिदम अर्थ, अन्तर्निहित सम्बन्ध, भावनाओं और संदर्भ को निकालने के लिए टेक्स्ट डेटा को संसाधित और विश्लेषण करता है।
- भाषा निर्माण: एनएलपी सिस्टम मानव जैसा पाठ उत्पन्न करते हैं, जो चैटबॉट प्रतिक्रियाओं से लेकर स्वचालित लेख निर्माण तक हो सकता है।
- वाक्य-विन्यास और शब्दार्थ: एनएलपी मॉडल भाषा की बारीकियों को समझने के लिए वाक्य संरचना (वाक्यविन्यास) और अर्थ (शब्दार्थ) का विश्लेषण करते हैं।
- नामित इकाई पहचान: पाठ में नाम, दिनांक, स्थान और संगठनों जैसी संस्थाओं की पहचान करना।
- भावना विश्लेषण: पाठ में व्यक्त भावनाओं या संवेदनाओं जैसे सकारात्मक, नकारात्मक, या तटस्थ का निर्धारण करना।
- भाषा अनुवाद: अर्थ को सुरक्षित रखते हुए पाठ का एक भाषा से दूसरी भाषा में अनुवाद करना।
- वाक् पहचान: बोली जाने वाली भाषा को लिखित पाठ में परिवर्तित करना, ध्वनि आदेश और प्रतिलेखन सक्षम करना।

एनएलपी तकनीकें और अनुप्रयोग: एनएलपी ने मानव-कंप्यूटर संपर्क को अधिक स्वाभाविक और निर्बाध बनाने में महत्वपूर्ण प्रगति की है। इसका उपयोग खोज इंजन, ग्राहक सेवा चैटबॉट, भाषा अनुवाद सेवाओं और व्यावसायिक बुद्धिमत्ता के लिए भावना विश्लेषण में किया जाता है। गहन शिक्षण में प्रगति ने एनएलपी की संदर्भ और बारीकियों को समझने की क्षमता को और बढ़ा दिया है, जिससे अधिक परिष्कृत भाषा प्रसंस्करण की अनुमति मिलती है।

- टोकनीकरण: विश्लेषण के लिए पाठ को अलग-अलग शब्दों या टोकन में तोड़ना।
- पार्ट-ऑफ़-स्पीच टैगिंग: एक वाक्य में शब्दों को उनकी व्याकरणिक भूमिकाओं (संज्ञा, क्रिया, विशेषण) के साथ लेबल करना।
- विषय मॉडलिंग: लेटेंट डिरिचलेट एलोकेशन (एलडीए) जैसी तकनीकों का उपयोग करके दस्तावेजों के संग्रह में विषयों की पहचान करना।
- मशीनी अनुवाद: Google अनुवाद भाषाओं के बीच पाठ का स्वचालित रूप से अनुवाद करने के लिए एनएलपी का उपयोग करता है।
- चैट-बॉट और वर्चुअल असिस्टेंट: सिरी, एलेक्सा और चैट-बॉट जैसे एप्लिकेशन उपयोगकर्ता के प्रश्नों को समझने और उनका जवाब देने के लिए एनएलपी का उपयोग करते हैं।
- सोशल मीडिया में भावना विश्लेषण: उत्पादों, घटनाओं या विषयों के बारे में जनता की भावना को मापने के लिए सोशल मीडिया प्लेटफार्मों की निगरानी करना।
- पाठ सारांशीकरण: लंबे पाठ दस्तावेजों से संक्षिप्त सारांश की स्वचालित उत्पन्न करना।

एनएलपी ने मानव-कंप्यूटर संपर्क को अधिक स्वाभाविक और निर्बाध बनाने में महत्वपूर्ण प्रगति की है। इसका उपयोग खोज इंजन, ग्राहक सेवा चैटबॉट, भाषा अनुवाद सेवाओं और व्यावसायिक बुद्धिमत्ता के लिए भावना विश्लेषण में किया जाता है।

रोबोटिक्स आर्टिफिशियल इंटेलिजेंस: रोबोटिक्स (एआई) के भीतर एक बहु-विषयक डोमेन है जिसमें रोबोट का डिजाइन, निर्माण, संचालन और उपयोग शामिल है। यह मैकेनिकल इंजीनियरिंग, इलेक्ट्रॉनिक्स, कंप्यूटर विज्ञान और एआई के तत्वों को मिलाकर ऐसी मशीनें विकसित करता है जो स्वायत्त या अर्ध-स्वायत्त रूप से कार्य कर सकती हैं। रोबोटिक्स के प्रमुख पहलूओं के मुख्य बिन्दुओं की संक्षिप्त जानकारी के लिए निम्न अनुच्छेदों से प्राप्त की जा सकती है

- स्वायत्तता: रोबोटिक्स का लक्ष्य सेंसर और एआई एल्गोरिदम का उपयोग करके निरंतर मानव हस्तक्षेप के बिना कार्य करने में सक्षम रोबोट बनाना है।
- पर्यावरण के साथ बातचीत: रोबोट सेंसर, एक्चुएटर्स और एआई नियंत्रण प्रणालियों के माध्यम से भौतिक दुनिया के साथ बातचीत करते हैं।
- धारणा: रोबोट अपने वातावरण को समझने और डेटा इकट्ठा करने के लिए सेंसर (जैसे कैमरा, LIDAR और टच सेंसर) का उपयोग करते हैं।
- नियंत्रण और निर्णय लेना: एआई एल्गोरिदम रोबोट को सेंसर इनपुट और पूर्वनिर्धारित कार्यों के आधार पर निर्णय लेने में सक्षम बनाता है।
- मानव-रोबोट संपर्क: सहयोगी रोबोट (कोबोट) को मनुष्यों के साथ सुरक्षित रूप से काम करने, कार्यों में सहायता करने और दक्षता बढ़ाने के लिए डिज़ाइन किया गया है।

रोबोटिक्स तकनीक और अनुप्रयोग: एआई और रोबोटिक्स का संयोजन अभूतपूर्व प्रौद्योगिकियों के रूप में उभरा है जो समाज और अर्थव्यवस्था के कई पहलुओं को बदलने की क्षमता रखता है। रोबोटिक्स में एआई के समावेश के माध्यम से, मशीनें अब जटिल परिवेश में कार्यों को स्वतंत्र रूप से समझने, तर्कसंगत बनाने और निष्पादित करने में सक्षम हैं। इसके परिणामस्वरूप परिष्कृत रोबोटिक प्रणालियों का निर्माण हुआ है जिनका उपयोग विनिर्माण, स्वास्थ्य सेवा और लॉजिस्टिक्स सहित कई उद्योगों में किया जाता है। इसके अलावा, एआई और रोबोटिक्स के अभिसरण ने मानव-रोबोट संपर्क, सामाजिक रोबोटिक्स और संज्ञानात्मक रोबोटिक्स जैसे क्षेत्रों में नए अवसर पैदा किए हैं। नतीजतन, रोबोटिक्स में एआई के नवीनतम विकास, कठिनाइयों और संभावित उपयोगों की खोज के लिए समर्पित अध्ययन की मात्रा बढ़ रही है।

- औद्योगिक स्वचालन: असेंबली, वेल्डिंग और पैकेजिंग जैसे कार्यों के लिए विनिर्माण उद्योगों में रोबोट का व्यापक रूप से उपयोग किया जाता है।
- स्वनियंत्रित वाहन: स्व-चालित कारें और ड्रोन अपने वातावरण के साथ नेविगेट करने और बातचीत करने के लिए एआई का उपयोग करने वाले रोबोट के उदाहरण हैं।
- हेल्थकेयर रोबोटिक्स: रोबोट सर्जरी, पुनर्वास और बुजुर्गों की देखभाल में सहायता करते हैं, सटीकता और उपचारपरिणामों में सुधार करते हैं।
- सेवा रोबोट: आतिथ्य, खुदरा और ग्राहक सेवा में रोबोट ग्राहकों के साथ बातचीत करते हैं, जानकारी प्रदान करते हैं और कार्य करते हैं।
- कृषि रोबोटिक्स: कृषि रोबोट दक्षता बढ़ाने के लिए फसलों की रोपाई, कटाई और निगरानी जैसे कार्य करते हैं।

- खोज और बचाव रोबोट: सेंसर से लैस रोबोट आपदाग्रस्त क्षेत्रों में जीवित बचे लोगों का पता लगाने और खतरनाक स्थितियों का आकलन करने में सहायता करते हैं।

- अन्वेषण रोबोटिक्स: रोबोट का उपयोग अंतरिक्ष अन्वेषण, पानी के नीचे अन्वेषण और दूरस्थ वातावरण में डेटा इकट्ठा करने के लिए किया जाता है।

- मनोरंजन रोबोटिक्स: ड्रोन और ह्यूमनॉइड रोबोट जैसे रोबोट विभिन्न सेटिंग्स में दर्शकों का मनोरंजन करते हैं और उन्हें बांधे रखते हैं।

एआई में नवाचारों के साथ रोबोटिक्स लगातार आगे बढ़ रहा है, जिससे रोबोट बदलते परिवेश के अनुकूल ढल सकते हैं, अनुभव से सीख सकते हैं और मनुष्यों के साथ अधिक समझदारी से बातचीत कर सकते हैं। इसमें उद्योगों में क्रांति लाने, मानवीय क्षमताओं को बढ़ाने और नई सीमाओं की खोज करने का वादा किया गया है।

एक्सपर्ट सिस्टम: एक्सपर्ट सिस्टम आर्टिफिशियल इंटेलिजेंस (एआई) के भीतर एक विशेष डोमेन है जो विशिष्ट डोमेन में मानव विशेषज्ञों की निर्णय लेने और समस्या सुलझाने की क्षमताओं का अनुकरण करने में सक्षम कंप्यूटर सिस्टम विकसित करने पर केंद्रित है। ये प्रणालियाँ समाधान और सिफारिशें प्रदान करने के लिए ज्ञान, नियमों और तर्क तंत्र का उपयोग करती हैं। विशेषज्ञ प्रणालियों के प्रमुख पहलू इस प्रकार हैं—

- ज्ञान प्रतिनिधित्व: विशेषज्ञ प्रणालियाँ डोमेन-विशिष्ट ज्ञान को नियमों, तथ्यों और अनुमानों के रूप में संग्रहित करती हैं।

- अनुमान इंजन: एक अनुमान इंजन निष्कर्ष निकालने, निर्णय लेने और समस्याओं को हल करने के लिए संग्रहित ज्ञान को लागू करता है।
- ज्ञान अर्जन: विशेषज्ञ सिस्टम में अपने ज्ञान को संहिताबद्ध करने के लिए एआई डेवलपर्स के साथ सहयोग करते हैं।
- नियम-आधारित तर्क: विशेषज्ञ प्रणालियाँ इनपुट स्थितियों से मेल खाने और उचित आउटपुट प्राप्त करने के लिए यदि-तब नियमों का उपयोग करती हैं।
- अनिश्चितता प्रबंधन: विशेषज्ञ प्रणालियाँ संभाव्यता और अस्पष्ट तर्क का उपयोग करके अनिश्चित या अधूरी जानकारी को संभाल सकती हैं।
- स्पष्टीकरण तंत्र: विशेषज्ञ प्रणालियाँ पारदर्शिता और समझ प्रदान करते हुए, उपयोगकर्ताओं को अपनी तर्क प्रक्रियाओं को समझा सकती हैं।

विशेषज्ञ प्रणाली तकनीकें और अनुप्रयोग: विशेषज्ञ प्रणालियों (ईएस) और ज्ञान-आधारित प्रणालियों का कई उद्योगों, विशेषकर विनिर्माण क्षेत्र में निर्णय लेने पर महत्वपूर्ण प्रभाव पड़ा है। इन प्रणालियों का व्यापक रूप से शेड्यूलिंग, उत्पादन योजना, प्लांट लेआउट, उन्नत विनिर्माण प्रक्रियाओं, खरीद और सामग्री प्रबंधन जैसे क्षेत्रों में उपयोग किया गया है। आधुनिक विनिर्माण संगठन न केवल अपने कारखानों की भौतिक सीमाओं के भीतर, बल्कि उत्पाद विकास के क्षेत्र में भी प्रतिस्पर्धा में संलग्न हैं। अन्य उपयोगों के बारे में जानकारी के लिए पाठक निम्नलिखित का संदर्भ ले सकता है

- चिकित्सा निदान: विशेषज्ञ प्रणालियां चिकित्सा पेशेवरों को बीमारियों का निदान करने और रोगी डेटा के आधार पर उपचार योजनाओं का सुझाव देने में सहायता करती हैं।
- वित्तीय विश्लेषण: विशेषज्ञ प्रणालियाँ निवेश रणनीतियों, जोखिम मूल्यांकन और पोर्टफोलियो प्रबंधन के लिए सिफारिशें प्रदान करती हैं।

- औद्योगिक स्वचालन: विशेषज्ञ प्रणालियाँ जटिल विनिर्माण प्रक्रियाओं की निगरानी करती हैं और संभावित दोषों या अक्षमताओं की पहचान करती हैं।
- समस्या निवारण: विशेषज्ञ प्रणालियाँ उपकरणों और मशीनरी के साथ तकनीकी समस्याओं के निदान और समाधान के माध्यम से उपयोगकर्ताओं का मार्गदर्शन करती हैं।
- कानूनी परामर्श: विशेषज्ञ प्रणालियाँ कानूनी सलाह, मामले का विश्लेषण और प्रासंगिक सूचना प्रदान करके उपयोगकर्ता की सहायता कर सकती हैं।
- ग्राहक सहायता: चैट-बॉट और वर्चुअल असिस्टेंट अक्सर सटीक और सुसंगत ग्राहक सहायता प्रदान करने के लिए विशेषज्ञ प्रणालियों को शामिल करते हैं।
- तेल और गैस अन्वेषण: विशेषज्ञ प्रणालियाँ भूकंपीय डेटा की व्याख्या करने और ड्रिलिंग स्थानों से संबंधित निर्णय लेने में सहायता कर सकती हैं।
- भाषा अनुवाद: विशेषज्ञ प्रणालियाँ संदर्भ और व्याकरण नियमों का विश्लेषण करके भाषाओं का अनुवाद करने में सहायता कर सकती हैं।

2021 से, न्यायालयों में सूचना को संसाधित करने और निर्णयों के लिए न्यायाधीशों को प्रासंगिक सूचना उपलब्ध कराने के लिए डिज़ाइन किए गए एआई-नियंत्रित टूल का उपयोग किया जा रहा है। हालाँकि यह निर्णय लेने की प्रक्रिया में भाग नहीं लेता है। भारत के सर्वोच्च न्यायालय में एसयूवीएएस (सुप्रीम कोर्ट विधिक अनुवाद सॉफ्टवेयर) का भी उपयोग किया जा रहा है। यह कानूनी कागजात का अंग्रेजी से स्थानीय भाषाओं में अनुवाद करता है और इसी प्रकार स्थानीय भाषाओं से अंग्रेजी में अनुवाद करा सकता है।

विशेषज्ञ प्रणालियाँ डोमेन-विशिष्ट ज्ञान को प्राप्त करने और उसका उपयोग करने, इसे व्यापक दर्शकों के लिए सुलभ बनाने और निर्णय लेने की क्षमता बढ़ाने के लिए मूल्यवान उपकरण हैं। हालाँकि वे अच्छी तरह से परिभाषित डोमेन में उत्कृष्टता प्राप्त करते हैं, फिर भी वे नई या जटिल परिस्थितियों से जूझ सकते हैं जिनके लिए नियम-आधारित तर्क से परे रचनात्मक सोच की आवश्यकता होती है।

फ़ज़ी लॉजिक: फ़ज़ी लॉजिक एआई के भीतर एक विशेष डोमेन है जो निर्णय लेने की प्रक्रियाओं में अनिश्चितता और अशुद्धि से निपटने से संबंधित है। यह सख्त द्विआधारी मूल्यों (सही या गलत) के बजाय सत्यता की डिग्री की अनुमति देकर अस्पष्ट और गुणात्मक जानकारी के साथ तर्क करने के लिए एक रूपरेखा प्रदान करता है। फ़ज़ी लॉजिक के मुख्य पहलू नीचे दिए गए हैं सदस्यता कार्य: फ़ज़ी लॉजिक एक सेट में तत्वों को सदस्यता की डिग्री प्रदान करता है, जिससे श्रेणियों के बीच क्रमिक बदलाव की अनुमति मिलती है।

- फ़ज़ी सेट: स्पष्ट सीमाओं वाले पारंपरिक सेटों के विपरीत, फ़ज़ी सेट में अलग-अलग स्तर के जुड़ाव वाले तत्व शामिल होते हैं।
- फ़ज़ी ऑपरेशंस: फ़ज़ी लॉजिक फ़ज़ी सेट के लिए यूनियन, इंटरसेक्शन और पूरक जैसे ऑपरेशंस को परिभाषित करता है।
- फ़ज़ी नियम: फ़ज़ी सिस्टम मानवीय तर्क को मॉडल करने के लिए भाषाई शब्दों के साथ यदि-तब नियमों का उपयोग करते हैं।
- फ़ज़ी अनुमान: फ़ज़ी अनुमान इंजन उस डिग्री को निर्धारित करते हैं जिस तक आउटपुट नियमों और इनपुट से मेल खाता है।

फ़ज़ी लॉजिक तकनीकें और अनुप्रयोग: एआई और फ़ज़ी लॉजिक, दोनों ही क्षेत्रों में व्यक्ति समस्या-समाधान क्षमता में मानव जीवन का अनुकरण करने का प्रयास करता है। जिस के चलते इस लक्ष्य को प्राप्त करने के पथ पर बहुत

से बिंदुओं पर दोनों क्षेत्र ओवरलैप होते हैं। इस सन्दर्भ में यह गौरतलब है कि, मानव की सोच सटीक नहीं होती है। यदि आपको अपनी अपने बगीचे में बिल्कुल निश्चित मात्रमें पानी देना हो तो आपको अत्यधिक कठिनाइयों का सामना करना पड़ेगा। कंप्यूटर को वास्तव में इंसानों के सोचने के तरीके की नकल करने की अनुमति देने के लिए, फ़ज़ी सेट और फ़ज़ी लॉजिक के सिद्धांत बनाए गए थे। कुछ प्रमुख अनुप्रयोग यहाँ वर्णित किये गए हैं -

- तापमान नियंत्रण: आराम के स्तर के आधार पर तापमान सेटिंग्स को समायोजित करने के लिए एयर कंडीशनिंग सिस्टम में फ़ज़ी लॉजिक लागू किया जाता है।
- ऑटोमोटिव सिस्टम: विभिन्न सड़क स्थितियों में ब्रेकिंग प्रदर्शन को अनुकूलित करने के लिए एंटी-लॉक ब्रेकिंग सिस्टम (एबीएस) में फ़ज़ी लॉजिक का उपयोग किया जाता है।
- उपभोक्ता इलेक्ट्रॉनिक्स: कपड़ों की गंदगी के आधार पर इष्टतम धुलाई चक्र निर्धारित करने के लिए वॉशिंग मशीनों में फ़ज़ी लॉजिक पाया जाता है।
- आर्थिक निर्णय लेना: फ़ज़ी लॉजिक का उपयोग आर्थिक वेरिअबल और अनिश्चित बाज़ार स्थितियों को मॉडल करने के लिए किया जा सकता है।
- ट्रैफ़िक नियंत्रण: फ़ज़ी लॉजिक वास्तविक समय ट्रैफ़िक प्रवाह के आधार पर ट्रैफ़िक लाइट समय को अनुकूलित करने में मदद कर सकता है।
- मेडिकल डायग्नोस्टिक्स: फ़ज़ी लॉजिक लक्षणों की गंभीरता की एक सीमा पर विचार करके चिकित्सा निदान में सहायता करता है।

फ़ज़ी लॉजिक उन स्थितियों से निपटने में विशेष रूप से मूल्यवान है जिनमें व्यक्तिपरक निर्णय या अधूरी जानकारी शामिल होती है। यह मानवीय तर्क

को मॉडलिंग करने के लिए एक अधिक सूक्ष्म दृष्टिकोण प्रदान करता है, जिससे सिस्टम को वास्तविक दुनिया के परिदृश्यों को संभालने की अनुमति मिलती है जहां सटीकता हासिल करना मुश्किल हो सकता है।

एआई, मशीन लर्निंग, डीप लर्निंग के बीच संबंध

एआई, मशीन लर्निंग, और डीप लर्निंग परस्पर संबंधित अवधारणाएं हैं जो बुद्धिमान सिस्टम बनाने के लिए एक दूसरे पर आधारित हैं। दरअसल, एआई, डीप लर्निंग और मशीन लर्निंग के अंतर्संबंधों और निर्भरता को समझना अत्यंत महत्वपूर्ण है क्योंकि ये तीनों विषय ही जटिल रूप से जुड़े हुए हैं और एक दूसरी की क्षमताओं का उपयोग कर प्रगति करते हैं। कृत्रिम बुद्धिमत्ता के दायरे में समस्या-समाधान, उपकरण चयन, संसाधन आवंटन और नैतिक विचारों के संबंध में अच्छी तरह से सूचित विकल्प बनाने के लिए इन के अंतर्संबंधों की गहन समझ होना महत्वपूर्ण है। इस खंड में यहां बताया गया है कि वे कैसे एक दूसरे के साथ संबंधित हैं:

आर्टिफिशियल इंटेलिजेंस (एआई): एआई सबसे व्यापक अवधारणा है जिसमें उन मशीनों या प्रणालियों के विकास को शामिल किया गया है जो ऐसे कार्य कर सकते हैं जिनके लिए आमतौर पर मानव बुद्धि की आवश्यकता होती है। इसका उद्देश्य मानवीय तर्क, सीखने, समस्या-समाधान और निर्णय लेने में सक्षम मशीनें बनाना है। एआई में तकनीकों, कार्यप्रणाली और उपक्षेत्रों की एक विस्तृत श्रृंखला शामिल है जो मशीनों में बुद्धिमान व्यवहार में योगदान करती है। वहीँ मशीन लर्निंग, एआई का एक उपसमूह है जो मशीनों को डेटा से सीखने और स्पष्ट रूप से प्रोग्राम किए बिना समय के साथ अपने प्रदर्शन में सुधार करने में सक्षम बनाने पर केंद्रित है। इसमें एल्गोरिदम विकसित करना शामिल है जो कंप्यूटर को पैटर्न की पहचान करने, भविष्यवाणियां करने और बदलते डेटा के

अनुकूल होने की अनुमति देता है। एमएल तकनीक पिछले अनुभवों के आधार पर निर्णय लेने के लिए सांख्यिकीय और संभाव्य दृष्टिकोण का उपयोग करती है।

इस सन्दर्भ में यह जानना जरूरी है कि डीप लर्निंग मशीन लर्निंग का एक विशेष उपसमूह है जो कई परतों (डीप आर्किटेक्चर) वाले न्यूरल नेटवर्क से संबंधित है। ये न्यूरल नेटवर्क मानव मस्तिष्क की संरचना और कार्यप्रणाली की नकल करने के लिए डिज़ाइन किए गए हैं। डीप लर्निंग एल्गोरिदम स्वचालित रूप से कच्चे डेटा से सुविधाओं के पदानुक्रम सीखते हैं, जो उन्हें छवि पहचान, प्राकृतिक भाषा प्रसंस्करण जैसे बहुत कुछ जटिल कार्य करने की अनुमति देता है।

एआई बुद्धिमान सिस्टम बनाने के व्यापक लक्ष्य के रूप में कार्य करता है। एआई के भीतर एमएल एक प्रमुख तकनीक है जो सिस्टम को डेटा से सीखने और उनके प्रदर्शन में सुधार करने में सक्षम बनाती है। डीप लर्निंग को मशीन लर्निंग का एक सबसेट कहा जा सकता है जो डेटा से सुविधाओं को स्वचालित रूप से निकालने और जटिल कार्यों को सक्षम करने के लिए उच्च-स्तरीय अमूर्तता प्राप्त करने के लिए डीप न्यूरल नेटवर्क को नियोजित करता है। संक्षेप में, एआई एक व्यापक अवधारणा है जो बुद्धिमान मशीनें बनाने का प्रयास करती है, एमएल एआई का एक उपसमूह है जो मशीनों को डेटा से सीखने में सक्षम बनाता है, और डीएल एमएल का एक उपसमूह है जो जटिल कार्यों के लिए डीप न्यूरल नेटवर्क पर ध्यान केंद्रित करता है। एआई और मशीन लर्निंग मिलकर डीप लर्निंग की नींव बनाते हैं, जो स्वचालन और बुद्धिमत्ता के उन्नत स्तर प्राप्त करने के लिए तंत्रिका नेटवर्क का लाभ उठाता है।

आर्टिफिशियल इंटेलिजेंस : अनुप्रयोग विधि और सुझाव

एआई तकनीक की प्रगति ऐसी मशीनों के निर्माण को प्रेरित कर रही है जो मनुष्यों से मिलती-जुलती हैं, स्वतंत्र रूप से कार्य करने में सक्षम हैं और हमारी संज्ञानात्मक क्षमताओं की नकल कर सकती हैं। इसी प्रगति ने प्रबंधकों, शोधकर्ताओं और उद्यमियों को एआई तकनीकों को उद्योगों में उत्साहित किया है। परिणामस्वरूप, कई कंपनियाँ नवीन व्यवसाय मॉडल लागू करके प्रौद्योगिकी का लाभ उठाने के लिए पर्याप्त निवेश कर रही हैं। हालाँकि प्रबंधकों को अपनी कंपनी के संचालन में एआई को शामिल करने का प्रयास करते समय चुनौतियों का सामना करना पड़ता है। यहाँ ये भी बताना आवश्यक है कि ऐसी कोई मानक कार्यान्वयन प्रक्रिया नहीं है जिसे एआई का लाभ उठाने के लिए अपनाया जा सके। परिणामस्वरूप परियोजना विफलता और अवांछनीय परिणामों की संभावना अधिक होती है। दरअसल व्यवसायों की मूल्य निर्माण की प्रक्रिया में बिजनेस मॉडल इनोवेशन के माध्यम से जटिल समस्याओं को हल करने की क्षमता के माध्यम से उत्पाद श्रंखला को सुधारने या विस्तारित करने की तथा लागत में कटौती करने के लिए अधिक कुशल संचालन के लिए किया जाता है। इसी उद्देश्य के लिए एआई का बिजनेस मॉडल में नवाचार के लिए उपयोग कैसे किया जा सकता है ? यह एक महत्वपूर्ण प्रश्न है जिसको इस खंड में समझाने का प्रयास किया गया है।

एआई प्रौद्योगिकी की तीव्र प्रगति से विभिन्न अनुप्रयोगों का विकास हो रहा है, जिसके पूर्ण प्रभाव को अभी भी पूरी तरह से समझा जाना बाकी है। एआई सिस्टम में ऐसे व्यवहार करने की क्षमता होती है जिसकी ऑपरेटर भविष्यवाणी नहीं कर सकता। व्यावसायिक नवाचार के लिए उत्प्रेरक के रूप में एआई के बारे में सैद्धांतिक अवधारणाओं का अवलोकन कई शोधकर्ताओं द्वारा किया गया है। इन अध्ययनों की समीक्षा से संगठनों में एआई के कार्यान्वयन और संबंधित डिजिटल परिवर्तन से संबंधित महत्वपूर्ण अंतर्दृष्टि प्राप्त हुई है। नतीजतन, मुख्य तथ्यों को निम्नलिखित की आवश्यकता के रूप में परिभाषित किया गया है: (1) एआई और संगठनात्मक क्षमताओं को समझना; (2) बिजनेस मॉडल इनोवेशन के लिए वर्तमान मूल्य श्रृंखला और क्षमता को समझें; (3) परिवर्तन के लिए आवश्यक संरचना और क्षमताओं का विकास करना; (4) संगठनात्मक स्वीकृति और मूल्य निर्माण में परिवर्तन; और (5) रणनीतियों को पुनः व्यवस्थित और परिष्कृत करने के लिए समीक्षाऔर फीडबैक। इन मुख्य अवयवों को चित्र 7 में दर्शाया गया है।

किसी संगठन में आर्टिफिशियल इंटेलिजेंस (एआई) को लागू करने के लिए सफल एकीकरण और मूल्य निर्माण सुनिश्चित करने के लिए एक रणनीतिक दृष्टिकोण की आवश्यकता होती है। एआई अनुप्रयोगों को लागू और विकसित करते समय परिभाषित अंतर्दृष्टि पर लगातार विचार किया जाना चाहिए और इसे अलग से नहीं देखा जा सकता है।

एआई और संगठनात्मक क्षमताओं को समझना:

अपने संगठन के तकनीकी बुनियादी ढांचे, डेटा उपलब्धता और विशेषज्ञता का मूल्यांकन करें कि क्या आपके पास एआई पहल का समर्थन करने के लिए आवश्यक संसाधन (बजट, प्रतिभा, डेटा) हैं। आगामी कार्यान्वयन योजना के लिए

आधार तैयार करने के लिए कृत्रिम बुद्धिमत्ता के गुणों की व्यापक समझ विकसित करना आवश्यक है। इससे एआई के उपयोग के लिए एक वैचारिक ढांचा विकसित करने और कंपनी की क्षमताओं का आकलन करने में मदद मिलेगी। इस प्रक्रिया में एनालॉग संचालन को डिजिटल प्रारूपों में परिवर्तित करने की क्षमता का आकलन करना शामिल हो सकता है, जिससे व्यापक डेटा एकत्र करने में सुविधा होगी। इन प्रयासों से गार्बेज-डिजिटल ट्रांस्फोर्मेशन की घटना से जुड़े जोखिम कम हो जाएंगे। इसके अलावा, पारदर्शिता मुद्दा (यानी, ब्लैक-बॉक्स समस्या) को एआई से संबंधित सबसे बड़ी चुनौतियों में से एक के रूप में उल्लेखित किया गया है।

एआई के संभावित लाभों को समझकर शीर्ष-स्तरीय प्रबंधन से समर्थन प्राप्त करना भी आवश्यक होता है। प्रमुख हितधारकों से सुरक्षित खरीद-फरोख्त जो कार्यान्वयन प्रक्रिया के दौरान संसाधन और सहायता प्रदान कर सकते हैं। उन क्षेत्रों या प्रक्रियाओं की पहचान करें जहां एआई सबसे अधिक प्रभाव डाल सकता है। ऐसे उपयोग वाले क्षेत्रों को प्राथमिकता दें जो आपके संगठन के रणनीतिक लक्ष्यों के अनुरूप हों और जिनमें शीघ्र लाभ की संभावना हो।

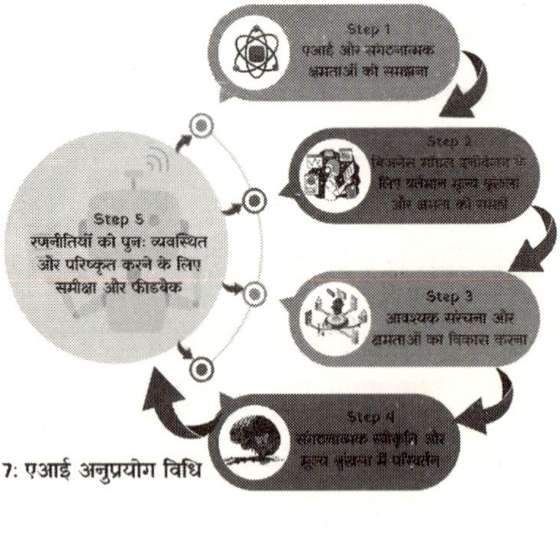

चित्र- 7: एआई अनुप्रयोग विधि

बिजनेस मॉडल इनोवेशन के लिए वर्तमान मूल्य श्रृंखला और क्षमता को समझें

इस स्तर पर, उन मौजूदा तरीकों को समझना महत्वपूर्ण है जिनके माध्यम से आपके संगठन के भीतर मूल्य उत्पन्न, अर्जित और वितरित किया जाता है। मूल्य बढ़ाने और ग्राहकों की अपेक्षाओं को पार करने के लिए एआई तकनीक का लाभ कैसे उठाया जा सकता है? तकनीकी अनिश्चितता तकनीकी विकास और समझ के स्तर से उत्पन्न होती है, साथ ही बाहरी बाजार स्थितियों से भी प्रभावित होती है। इसलिए, इस चरण में मौजूदा ग्राहक संबंधों और उन तरीकों की जांच करना विशेष रूप से मूल्य श्रंखला भी शामिल है जिनके द्वारा मूल्य उत्पन्न किया जाता है अर्जित किया जाता है तथा प्रदान किया जाता है। यह इसलिए आवश्यक है ताकि तकनीकी प्रगति उपभोक्ता संतुष्टि को कैसे बढ़ा सकती है, इसकी गहरी समझ हासिल की जा सके। इस सन्दर्भ में केवल मुख्य संगठन और उसके ग्राहकों के बीच संबंधों को समझना पर्याप्त नहीं होगा वरन ऐसे डिजिटल परिवर्तन आम तौर पर व्यक्तिगत फर्मों के बजाय सहयोगी उद्यमों के नेटवर्क पर भी निर्भर करते हैं। इसलिए, कंपनी के लिए पारिस्थितिकी तंत्र के भीतर अपनी जगह और अंतिम उत्पाद या सेवा में अपने योगदान की सीमा को समझना जरूरी है।

इस के पश्चात डिजिटल परिवर्तन सम्बन्धी उद्देश्यों को स्पष्टता से परिभाषित करें अर्थात उन विशिष्ट लक्ष्यों और उद्देश्यों की पहचान करें जिन्हें आपकी संस्था एआई कार्यान्वयन के साथ हासिल करना चाहती हो। निर्धारित करें कि ए आई आपके संगठन में मौजूदा चुनौतियों का समाधान कैसे कर सकता है या मौजूदा प्रक्रियाओं को कैसे बढ़ा सकता है। यहाँ यह दोहराना आवश्यक है कि डेटा एआई की नींव है। चुने गए उपयोग के मामलों के लिए प्रासंगिक डेटा एकत्र और

व्यवस्थित करें। डेटा गुणवत्ता, सटीकता और पहुंच सुनिश्चित करें। डेटा तैयारी में डेटा की सफाई, परिवर्तन और संवर्धन शामिल हो सकता है।

आवश्यक संरचना और क्षमताओं का विकास करना;

एआई को लागू करने में वर्तमान मूल्य श्रृंखला, कार्य प्रथाओं और संगठनात्मक दिनचर्या में एक बड़ा बदलाव शामिल हो सकता है (गरुड़ और करुणाकरन, 2018)। यह सक्रिय रूप से नए अवसरों की तलाश करने और उनके लिए संगठन का समर्थन प्राप्त करने की भी मांग करता है। डिजिटल प्रौद्योगिकी के अनुप्रयोग और वर्तमान आर्थिक प्रणालियों को व्यापक रूप से प्रभावित करने की इसकी क्षमता के कारण, डिजिटल परिवर्तन को एक एकल प्रक्रिया के रूप में नहीं देखा जा सकता है। डिजिटल परिवर्तन (डीटी) परिचालन दक्षता और मुख्य पारंपरिकउत्पादों में परिवर्तनों को जल्दी से अनुकूलित करने की क्षमता दोनों को बढ़ाता है। इस प्रक्रिया के लिए मूल्य श्रृंखलाओं की संरचना संस्था की सरंचना और संसाधनों के प्रबंधन के लिए नए तरीकों को अपनाने की आवश्यकता होती है। डीटी प्रक्रिया के अप्रत्याशित परिणामों से निपटने के लिए पारंपरिक संगठनात्मक संरचनाएं अक्सर अनुपयुक्त होती हैं। यह डिजिटल नवाचार की अतिरिक्त जटिलता को पेश करके नवाचार प्रक्रियाओं की मौजूदा अनिश्चितता को और बढ़ा देता है। फिर भी, कम से कम दो तरीके मौजूद हैं जो इस तरह की विसंगतियों को कम कर सकते हैं (डाब्रोस्का एट अल, 2022)। पहले कदम में नवीन विचारों (आंतरिक परिवर्तन) के लिए संगठनात्मक समर्थन को बढ़ावा देना शामिल है। दूसरा पहलू नवीन संगठनात्मक संरचनाओं और रूपों के कार्यान्वयन और आत्मसात पर जोर देता है। डिजिटल परिवर्तन (डीटी) से जुड़ी अनिश्चितता को सकारात्मक दृष्टि से देखने को संगठन के लिए डीटी के निहितार्थ को समझने के लिए उत्प्रेरक के रूप में देखा जा सकता है।

साथ ही इस चरण में प्रशिक्षण और कौशल विकास पर ध्यान केन्द्रित करने की जरूरत होती है। एआई अवधारणाओं, उपकरणों और प्रौद्योगिकियों को समझने के लिए अपने कार्यबल को प्रशिक्षित करें। एआई द्वारा लाए गए परिवर्तनों को अनुकूलित करने के लिए कर्मचारियों को कौशल बढ़ाने या पुनः कौशलके लिए प्रोत्साहित करें। इस सम्बन्ध में उपयुक्त एआई प्रौद्योगिकियों, ढांचे और टूल का चयन करें जो आपके उपयोग के मामलों के अनुरूप बनाने की आवश्यकता है। इसमें मशीन लर्निंग लाइब्रेरी, डीप लर्निंग फ्रेमवर्क और प्राकृतिक भाषा प्रसंस्करण उपकरण शामिल हो सकते हैं। उपयुक्त एल्गोरिदम और तकनीकों का चयन करके एआई मॉडल विकसित किये जायें। अपने तैयार किए गए डेटा का उपयोग करके इन मॉडलों को प्रशिक्षित करें। इस चरण में प्रयोग, फाइन-ट्यूनिंग और सत्यापन शामिल है। पारदर्शिता के मुद्दे से संबंधित कठिनाइयों को प्रभावी ढंग से संबोधित करने के लिए क्षमताओं के विकास पर विशेष ध्यान दिया जाना चाहिए। उदाहरण के लिए, इसमें अनुसंधान और विकास गतिविधियों के माध्यम से तकनीकी मुद्दों को हल करने की प्रक्रिया शामिल हो सकती है। एआई से संबंधित पूर्वाग्रह, निष्पक्षता, पारदर्शिता और गोपनीयता जैसी नैतिक चिंताओं को संबोधित करने की आवश्यकता है। सुनिश्चित करें कि आपके एआई समाधान नैतिक दिशानिर्देशों का पालन करते हैं।

संगठनात्मक स्वीकृति और मूल्य श्रृंखला में परिवर्तन;

डिजिटल परिवर्तनों में एआई प्रौद्योगिकियों को लागू करने में अक्सर संगठनात्मक विरोध से उत्पन्न जोखिमों विशेष रूप से प्रतिरोध के रूप में का सामना करना पड़ता है। यह कार्यान्वयन चरण में संगठनात्मक स्वीकृति प्राप्त करने की आवश्यकता को रेखांकित करता है। इसके लिए कई प्रकार के कदम उठए जा

सकते हैं, जैसे कार्यकारी पायलट परियोजनाओं को लागू करना, एआई-टीमों की स्थापना करना और व्यापक एआई प्रशिक्षण प्रदान करना। इससे एआई सम्बन्धी गलतफहमियों और कर्मचारियों के बीच एआई में विश्वास की कमी दोनों से जुड़े खतरों को प्रभावी ढंग से कम किया जा सकेगा। शैक्षिक और प्रशिक्षण प्रयासों के माध्यम से प्राप्त जानकारी से भी लाभ उठाया जा सकता है। कंपनियाँ बाहरी वातावरण पर बहुत अधिक निर्भर करती हैं, जिसमें सहयोगी कंपनियाँ और आसपास के हितधारक शामिल होते हैं। इसलिए, कंपनियों को पारिस्थितिकी तंत्र के भीतर हितधारकों के बीच एआई अनुप्रयोगों की समझ बढ़ाने के लिए सक्रिय रूप से साझेदारी करनी चाहिए। विकसित एआई मॉडल को अपने मौजूदा सिस्टम या प्रक्रियाओं में एकीकृत करने के साथ ही डिजिटल परिवर्तन के लिए कंपनियों को मूल्य श्रंखला में उत्पाद बनाने और वितरित करने के तरीकों में बदलाव और उनकी देखरेख करने और उद्योग और पारिस्थितिकी तंत्र दोनों स्तरों पर सहयोगात्मक प्रयासों को व्यवस्थित करने की आवश्यकता होती है। दूसरे, इसके लिए एक उपयुक्त व्यवसाय मॉडल के डिजाइन की आवश्यकता होती है जो डिजिटल प्रौद्योगिकी के माध्यम से प्राप्त डेटा का उपयोग करके कंपनी की विशेषज्ञता और संसाधनों का प्रभावी ढंग से उपयोग करता है। इस प्रयास में निगरानी, अनुकूलन और संगठनात्मक अनुकूलनशीलता पर जोर देकर डेटा-संचालित तरीकों का उपयोग करना सम्मिलित होता है। साथ में व्यापार मॉडल क्रांति को आगे बढ़ाना जो हितधारकों के बीच अंतरसंबंध और अन्योन्याश्रयता पर ध्यान देता है। इसके अलावा उत्पाद बनाने वाले आई टी प्लेटफ़ॉर्म या मार्केटप्लेस का उपयोग करना होगा जो प्रतिस्पर्धा की प्रकृति और स्तर को परिभाषित करने के लिए उत्पाद-बाज़ार की सीमाओं को अप्रासंगिक बना देती हैं।

रणनीतियों को पुनः व्यवस्थित और परिष्कृत करने के लिए समीक्षाऔर फीडबैक।

नए बिजनेस मॉडल और ए आई तकनीक के कार्यान्वयन के दौरान और बाद में कंपनी के प्रदर्शन का निरंतर मूल्यांकन और फीडबैक लूप की उपस्थिति बहुत ही महत्वपूर्ण है। ग्राहकों, साझेदारों, आपूर्तिकर्ताओं या आंतरिक प्रबंधकों जैसे सभी संबंधित पक्षों के बीच सूचना के प्रवाह को व्यवस्थित करने के लिए फीडबैक लूप का निर्माण आवश्यक है। ऐसा आंतरिक कौशल स्थापित करने और अर्जित ज्ञान के साथ व्यवसाय मॉडल में चल रहे सुधारों की प्रासंगिकता सुनिश्चित करने के लिए किया जाता है। यह सुनिश्चित करना आवश्यक है कि ए आई सक्षम समाधान अपेक्षा के अनुरूप प्रदर्शन करता है और निर्धारित उद्देश्यों को पूरा करता है। वास्तविक समय में अपने एआई सिस्टम के प्रदर्शन को ट्रैक करने के लिए निगरानी तंत्र लागू किया जा सकता है। सटीकता और दक्षता में सुधार के लिए परिणामों का लगातार विश्लेषण करने की आवश्यकता है। फीडबैक के माध्यम से मॉडल को सुधारा जा सकता है। एक बार प्रारंभिक एआई कार्यान्वयन सफल हो जाने पर, संगठन के अन्य क्षेत्रों में समाधान को बढ़ाने पर विचार करें। इसमें विभिन्न विभागों या प्रक्रियाओं के लिए मॉडल को अपनाना शामिल हो सकता है।

आर्टिफिशियल इंटेलिजेंस: विभिन्न क्षेत्रों में विस्तार

एआई हमारे समकालीन समाज में विविध अनुप्रयोगों को अपनाता है, जो कई उद्योगों में जटिल चुनौतियों को हल करने में अपरिहार्य साबित होता है। एआई प्रौद्योगिकियों में हमारे रोजगार, दैनिक जीवन और महत्वपूर्ण चिंताओं से निपटने की हमारी क्षमता सहित विभिन्न क्षेत्रों को गहराई से बदलने की क्षमता है। आमतौर पर रोजमर्रा में उपयोग किए जाने वाले एआई अनुप्रयोगों में विभिन्न स्मार्टफोन डिजिटल सहायक, ईमेल प्रोग्राम सम्मिलित हैं जो मेल्स को प्राथमिकता देने के लिए सॉर्टिंग एल्गोरिदम का उपयोग करते हैं। इसी प्रकार वोईस रेकोग्निशन प्रणाली, फेसबुक पिक्चर सर्च जैसे फोटो पहचान अनुप्रयोग, अमेज़ॅन इको और Google होम के डिजिटल सहायक के रूप में एआई की मदद ली जाती है। कुछ एआई एप्लिकेशन विशेष रूप से असुविधाओं को दूर करने के लिए भी डिज़ाइन किए गए हैं। उदाहरण के लिए, DoNotPay, जैसे ऑनलाइन बॉट, उपभोक्ताओं को बड़ी संस्थाओं के साथ उड़ान टिकट और होटल बुकिंग पर रिफंड मांगने में, कानूनी सेवायें देने तथा गोपनीयता की रक्षा करने में मदद करने के लिए कृत्रिम बुद्धिमत्ता का उपयोग करता है। साथ हीअन्य एआई अनुप्रयोग, जैसे कनेक्टेड ऑटोमोबाइल और भाषा अनुवाद प्रौद्योगिकियां, व्यक्तियों की जीवन शैली में महत्वपूर्ण परिवर्तन का संकेत देते हैं। एआई का हमारे जीवन के विभिन्न पहलुओं पर क्रांतिकारी प्रभाव के चलते कई क्षेत्रों में एआई अनुप्रयोगों का महत्व लगातार बढ़ रहा है। जटिल मुद्दों से

निपटने में इसकी दक्षता ने इसे स्वास्थ्य देखभाल, मनोरंजन, वित्त, शिक्षा और अन्य क्षेत्रों में आवश्यक बना दिया है। यहां ऐसे कुछ क्षेत्रों का विवरण दिया गया है जहां एआई का उल्लेखनीय प्रभाव देखा गया है

खगोल विज्ञान में एआईः खगोल विज्ञान में कृत्रिम बुद्धिमत्ता (एआई) के अनुप्रयोग ने ब्रह्मांड की हमारी समझ में क्रांति ला दी है। एआई एल्गोरिदम भारी मात्रा में खगोलीय डेटा को संसाधित करते हैं, आकाशीय पिंडों, पैटर्न और विसंगतियों की पहचान करते हैं जिनका विश्लेषण करना मनुष्यों के लिए चुनौतीपूर्ण होगा। एआई-संचालित दूरबीनें स्वचालित रूप से आकाशगंगाओं, सितारों और अन्य खगोलीय पिंडों को वर्गीकृत कर सकती हैं, जिससे दुर्लभ घटनाओं की पहचान करने में सहायता मिलती है। मशीन लर्निंग मॉडल अंतरिक्ष घटनाओं की भविष्यवाणी और विश्लेषण करते हैं, जिससे क्षुद्रग्रहों, धूमकेतुओं और अन्य अंतरिक्ष खतरों का पता लगाने की हमारी क्षमता बढ़ जाती है जो पृथ्वी को प्रभावित कर सकते हैं। खगोल विज्ञान में एआई की भूमिका अनुसंधान को गति देती है, दूर की आकाशगंगाओं की खोज में योगदान देती है, और ब्रह्मांडीय घटनाओं में नई अंतर्दृष्टि को उजागर करती है। उदाहरण स्वरुप पैन-स्टारआरएस1 टेलीस्कोप वास्तविक समय में आकाशीय पिंडों की पहचान और वर्गीकरण के लिए एआई एल्गोरिदम का उपयोग करता है।यह उदाहरण दर्शाता है कि एआई ब्रह्मांड के रहस्यों की खोज में मानवीय प्रयासों को कैसे बढ़ा सकता है। एआई एल्गोरिदम क्षुद्रग्रहों, सुपरनोवा और अन्य खगोलीय घटनाओं की पहचान करने में मदद करते हैं, ब्रह्मांड की गहरी समझ में योगदान करते हैं और पृथ्वी पर संभावित खतरों का शीघ्र पता लगाने में सहायता करते हैं।

हेल्थकेयर में एआईः हेल्थकेयर में एआई के अनुप्रयोगों में मेडिकल इमेजिंग विश्लेषण, दवा की खोज और रोगी देखभाल शामिल हैं। एआई-संचालित

डायग्नोस्टिक उपकरण चिकित्सा छवियों से बीमारियों का सटीक पता लगाने में सहायता करते हैं, जबकि पूर्वानुमानित मॉडल स्वास्थ्य रुझानों और व्यक्तिगत उपचार योजनाओं का अनुमान लगाने के लिए रोगी डेटा का विश्लेषण करते हैं। निदान, उपचार और रोगी देखभाल को बढ़ाने के लिए एआई एल्गोरिदम और मशीन लर्निंग मॉडल को चिकित्सा डेटा पर लागू किया जाता है।

- नैदानिक सहायता: एआई एक्स-रे, एमआरआई और सीटी स्कैन जैसी चिकित्सा छवियों का विश्लेषण करके चिकित्सा स्थितियों का निदान करने में सहायता करता है। यह उन विसंगतियों और पैटर्न की पहचान कर सकता है जो मानव आंखों से छूट सकते हैं, जिससे पहले और अधिक सटीक निदान संभव हो सकता है।
- वैयक्तिकृत उपचार: एआई व्यक्तिगत रोगियों के चिकित्सा इतिहास, आनुवंशिकी और विभिन्न उपचारों के प्रति प्रतिक्रियाओं का विश्लेषण करके उनके लिए उपचार योजना तैयार करने में मदद करता है। यह वैयक्तिकरण अधिक प्रभावी और लक्षित उपचार की ओर ले जाता है।
- ड्रग डिस्कवरी: एआई ड्रग इंटरेक्शन का अनुकरण करके, संभावित परिणामोंका अनुमान लगाकरऔर संभावित उपचारों के लिए विशाल डेटासेट का विश्लेषण करके दवा की खोज को तेज करता है। इससे नई दवाओं और उपचारों के विकास में तेजी आती है।
- पूर्वानुमानित विश्लेषण: एआई बीमारी के परिणामों की भविष्यवाणी करने के लिए रोगी डेटा का विश्लेषण करता है, जिससे चिकित्सकों को स्वास्थ्य रुझानों का अनुमान लगाने और हस्तक्षेप और उपचार के बारे में सूचित निर्णय लेने में मदद मिलती है।

- रिमोट मॉनिटरिंग: एआई-संचालित पहनने योग्य उपकरण और सेंसर मरीजों की स्वास्थ्य स्थितियों की दूरस्थ निगरानी करने में सक्षम बनाते हैं। यह वास्तविक समय में डेटा संग्रह स्वास्थ्य पेशेवरों को मरीजों की निगरानी करने और आवश्यक होने पर हस्तक्षेप करने में मदद करता है।
- सर्जिकल सहायता: एआई-सहायता प्राप्त रोबोट और सर्जिकल उपकरण जटिल प्रक्रियाओं में सर्जनों की सहायता करके सर्जिकल सटीकता को बढ़ा सकते हैं। वे वास्तविक समय पर प्रतिक्रिया दे सकते हैं और परिणामों में सुधार कर सकते हैं।

स्वास्थ्य देखभाल में एआई के एकीकरण से न केवल सटीकता और दक्षता में सुधार होता है, बल्कि शीघ्र पतालगाने, व्यक्तिगत उपचार और बेहतर हेल्थ केयर परिणामों के लिए नई संभावनाओं के द्वार भी खुलते हैं। जैसे ऑन्कोलॉजी के लिए आईबीएम का वॉटसन व्यक्तिगत कैंसर उपचार विकल्पों की सिफारिश करने के लिए चिकित्सा साहित्य और रोगी डेटा का विश्लेषण करता है। एआई प्रणाली साक्ष्य-आधारित उपचार सुझाव प्रस्तुत करके ऑन्कोलॉजिस्टों को सूचित निर्णय लेने में सहायता करती है।

गेमिंग में एआई: एआई की रणनीतिक शक्ति का उपयोग गेमिंग में किया जाता है, जिससे मशीनों को शतरंज जैसे खेलों में उत्कृष्टता हासिल करने में मदद मिलती है, जिसमें कई संभावनाओं पर विचार करने की आवश्यकता होती है। आर्टिफिशियल इंटेलिजेंस (एआई) गेमिंग उद्योग में एक प्रेरक शक्ति है, जो गेमप्ले की क्षमताओं को बढ़ाती है, बुद्धिमान आभासी विरोधियों का निर्माण करती है और खिलाड़ियों को व्यक्तिगत अनुभव प्रदान करती है। जैसे एआई खेलों में गैर-खिलाड़ी पात्रों (एनपीसी) के व्यवहार को शक्ति प्रदान करता है। एआई क्षमताओं वाले एनपीसी खिलाड़ी के कार्यों पर प्रतिक्रिया कर सकते हैं,

उनकी रणनीतियों को अनुकूलित कर सकते हैं और मानव-जैसे निर्णय लेने की नकल कर सकते हैं। उदाहरण के लिए, रोल-प्लेइंग गेम में, एआई-नियंत्रित एनपीसी खिलाड़ी की रणनीति का विश्लेषण कर सकते हैं और एक चुनौतीपूर्ण और गतिशील गेमिंग अनुभव प्रदान करते हुए, तदनुसार अपनी प्रतिक्रियाओं को समायोजित कर सकते हैं।

वित्त में एआई: आर्टिफिशियल इंटेलिजेंस (एआई) ने वित्तीय उद्योग में क्रांति ला दी है, संचालन, निर्णय लेने और जोखिम प्रबंधन को बदल दिया है। जैसे एआई एल्गोरिदम इष्टतम परिणामों के लिए पैटर्न और रुझानों का लाभ उठाते हुए, ट्रेडों को स्वचालित रूप से निष्पादित करने के लिए बाजार डेटा का विश्लेषण करता है। तथा एआई मॉडल वित्तीय जोखिमों का आकलन करने और बाजार में उतार-चढ़ाव की भविष्यवाणी करने के लिए विशाल डेटासेट का विश्लेषण करते हैं, जिससे निवेशकों को सूचित निर्णय लेने में मदद मिलती है। साथ ही एआई-संचालित सिस्टम वित्तीय लेनदेन में असामान्य पैटर्न और विसंगतियों की पहचान करते हैं, जिससे धोखाधड़ी गतिविधियों का शीघ्र पता लगाने में सहायता मिलती है। इसके आलावा एआई-संचालित चैट-बॉट और वर्चुअल असिस्टेंट तत्काल ग्राहक सहायता प्रदान करते हैं, पूछताछ का समाधान करते हैं और निर्बाध लेनदेन की सुविधा प्रदान करते हैं। क्रेडिट स्कोरिंग में भी एआई विभिन्न डेटा बिंदुओं का विश्लेषण करके साख का मूल्यांकन करता है, जिससे ऋणदाताओं को सटीक ऋण निर्णय लेने में सक्षम बनाया जाता है। और वैयक्तिकृत वित्तीय सलाह के लिए भी एआई सिस्टम अनुरूप निवेश सलाह और सेवानिवृत्ति योजना प्रदान करने के लिए उपयोगकर्ता के वित्तीय डेटा का विश्लेषण करता है। वित्त में एआई के अनुप्रयोग प्रक्रियाओं को अनुकूलित करते हैं, जोखिमों को कम करते हैं और

ग्राहक अनुभवों को समृद्ध बनाते हैं, जो अधिक कुशल और सुरक्षित वित्तीय परिदृश्य में योगदान करते हैं।

ग्राहक सेवा में एआई: आर्टिफिशियल इंटेलिजेंस (एआई) व्यवसायों और ग्राहकों के बीच कुशल और व्यक्तिगत बातचीत प्रदान करके ग्राहक सेवा को बदल रहा है। स्वचालित प्रतिक्रियाएँ में एआई-संचालित चैट-बॉट और वर्चुअल असिस्टेंट ग्राहकों के प्रश्नों का तुरंत समाधान कर सकते हैं, त्वरित और सटीक प्रतिक्रियाएँ 24/7 प्रदान कर सकते हैं। और एआई व्यक्तिगत प्राथमिकताओं, खरीद इतिहास और व्यवहार के आधार पर बातचीत को अनुकूलित करने के लिए ग्राहक डेटा का विश्लेषण करता है। साथ ही समस्या समाधान के लिए एआई सिस्टम जटिल ग्राहक मुद्दों को समझने और हल करने के लिए प्राकृतिक भाषा प्रसंस्करण का उपयोग करते हैं, जिससे मानवीय हस्तक्षेप की आवश्यकता कम हो जाती है। इसके अलावा एआई ग्राहकों की प्रतिक्रिया और इंटरैक्शन को इकट्ठा और विश्लेषण करता है, जिससे व्यवसायों को उत्पादों और सेवाओं को बेहतर बनाने के लिए मूल्यवान अंतर्दृष्टि प्रदान की जाती है। एआई ग्राहकों की पूछताछ को सबसे उपयुक्त सहायता एजेंटों या विभागों तक निर्देशित करता है, प्रतीक्षा समय को कम करता है और दक्षता में सुधार करता है। आज एआई ग्राहकों की जरूरतों और मुद्दों की भविष्यवाणी करता है, सक्रिय रूप से समर्थन प्रदान करता है और समस्याओं को उत्पन्न होने से पहले ही रोक देता है। दरअसल ग्राहक सेवा में एआई की उपस्थिति परिचालन को सुव्यवस्थित करती है, उपयोगकर्ता अनुभवों को बेहतर बनाती है, और व्यवसायों को अपने ग्राहकों को त्वरित और व्यक्तिगत सहायता प्रदान करने में सक्षम बनाती है। अमेज़ॅन जैसी ई-कॉमर्स वेबसाइटों पर चैट-बॉट ग्राहकों को उत्पाद ढूंढने, ऑर्डर ट्रैक करने और उत्पादों और सेवाओं के बारे में सवालों के जवाब देने, उपयोगकर्ता

अनुभव में सुधार करने और ग्राहक सहायता को सुव्यवस्थित करने में मदद करते हैं।

डेटा सुरक्षा में एआई: आर्टिफिशियल इंटेलिजेंस (एआई) संवेदनशील डेटा की सुरक्षा और साइबर-सुरक्षा खतरों का पता लगाने में महत्वपूर्ण भूमिका निभाता है। एआई कमजोरियों का पता लगाकर और साइबर हमलों को विफल करके डेटा सुरक्षा को मजबूत करता है।

- खतरों का पता लगाना: एआई असामान्य पैटर्न और व्यवहार की पहचान करने के लिए बड़ी मात्रा में डेटा का विश्लेषण करता है जो साइबर हमलों या उल्लंघनों का संकेत देता है।
- विसंगतियों का पता लगाना: एआई-संचालित सिस्टम नेटवर्क ट्रैफ़िक और उपयोगकर्ता के व्यवहार की निगरानी करते हैं, उन विसंगतियों को चिह्नित करते हैं जो अनधिकृत पहुंच या दुर्भावनापूर्ण गतिविधि का संकेत दे सकते हैं।
- व्यवहार विश्लेषण: एआई विशिष्ट उपयोगकर्ता व्यवहार सीखता है, जिससे यह उन विचलनों की पहचान कर सकता है जो समझौता किए गए खातों का संकेत दे सकते हैं।
- मैलवेयर का पता लगाना: एआई मैलवेयर हस्ताक्षर और व्यवहार के लिए फ़ाइलों और सॉफ़्टवेयर को स्कैन करता है, दुर्भावनापूर्ण प्रोग्रामों को सिस्टम में घुसपैठ करने से रोकता है। वास्तविक समय की निगरानी: एआई संभावित खतरों के लिए सिस्टम की लगातार निगरानी करता है, जोखिमों को कम करने के लिए वास्तविक समय अलर्ट और प्रतिक्रियाएं प्रदान करता है।

- स्वचालित प्रतिक्रिया: एआई प्रभावित प्रणालियों को अलग करके, दुर्भावनापूर्ण गतिविधियों को अवरुद्ध करके और जवाबी उपाय शुरू करके घटना प्रतिक्रियाओं को स्वचालित करता है।

डेटा सुरक्षा में एआई का अनुप्रयोग डिजिटल वातावरण को मजबूत करता है, साइबर खतरों के प्रति प्रतिक्रिया समय को कम करता है, और उभरती सुरक्षा चुनौतियों के खिलाफ बचाव को मजबूत करता है।

स्वायत्त वाहनों में एआई: एआई ने स्वायत्त वाहनों के विकास में महत्वपूर्ण भूमिका निभाई है। यह एल्गोरिदम वाहनों को नेविगेट करने, उनके परिवेश को समझने और वास्तविक समय पर निर्णय लेने में सक्षम बनाने के लिए सेंसर, कैमरे और LiDAR (Light Detection and Ranging) सिस्टम से डेटा संसाधित करता है। साथ ही एआई सिस्टम सेंसर डेटा का विश्लेषण करके संभावित टकराव का अनुमान लगाता है, जिससे वाहनों को प्रतिक्रिया करने और दुर्घटनाओं से बचने में मदद मिलती है। इसके चलते अनुकूली क्रूज़ नियंत्रण के माध्यम से एआई अन्य वाहनों से सुरक्षित दूरी बनाए रखता है और उन्नत एल्गोरिदम का उपयोग करके वाहन को अपनी लेन में रखता है। साथ ही एआई इष्टतम मार्गों का सुझाव देने, भीड़भाड़ से बचने और यात्रा के समय को कम करने के लिए ट्रैफ़िक पैटर्न और वास्तविक समय डेटा का विश्लेषण करता है। स्वायत्त वाहनों में एआई का एकीकरण परिवहन को नया आकार दे रहा है और इसे सुरक्षित एवंअधिक कुशल बना सकता है।

रोबोटिक्स में एआई: आर्टिफिशियल इंटेलिजेंस (एआई) रोबोटिक्स के क्षेत्र में एक प्रेरक शक्ति है, जो मशीनों को बुद्धिमत्ता, अनुकूलनशीलता और स्वायत्तता के साथ कार्य करने में सक्षम बनाती है। एआई रोबोटों को अपने पर्यावरण के साथ स्वतंत्र रूप से नेविगेट करने और बातचीत करने की क्षमता

से लैस करता है, जिससे वे गोदाम प्रबंधन, मेनुफेक्चरिंग और अन्वेषण जैसे कार्यों के लिए उपयुक्त हो जाते हैं।

- एआई-संचालित ह्यूमनॉइड रोबोट मानवीय कार्यों और व्यवहारों की नकल करते हैं, जिससे उन्हें उन कार्यों में सहायता मिलती है जिनमें निपुणता और मानव-जैसी बातचीत की आवश्यकता होती है।

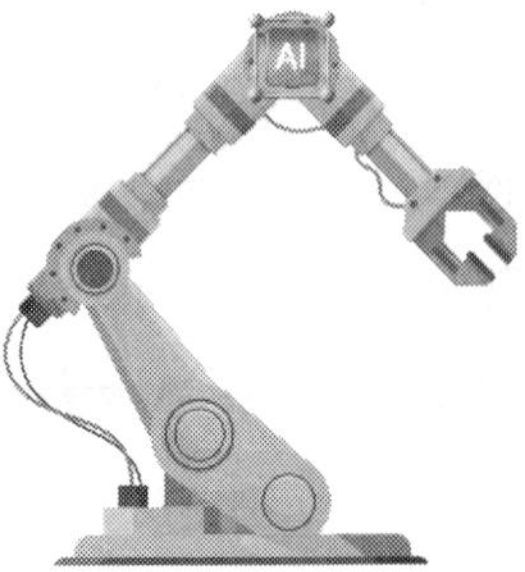

- सहयोगात्मक रोबोट (कोबोट): एआई-संचालित कोबोट विनिर्माण, दक्षता और सुरक्षा बढ़ाने जैसे उद्योगों में मनुष्यों के साथ काम करते हैं।
- मेडिकल रोबोट: एआई-संचालित रोबोट सर्जरी में सहायता करते हैं, बीमारियों का निदान करते हैं और जटिल चिकित्सा प्रक्रियाओं को सटीकता के साथ निष्पादित करते हैं।
- कृषि रोबोट: कृषि में एआई फसल की निगरानी, रोपण और कटाई प्रक्रियाओं में सुधार करता है, पैदावार बढ़ाता है और संसाधन बर्बादी को कम करता है।
- खोज और बचाव: एआई से सुसज्जित रोबोट खतरनाक वातावरण में जीवित बचे लोगों की खोज करके आपदा राहत प्रयासों में सहायता करते हैं।

रोबोटिक्स में एआई का एकीकरण मशीनों की क्षमताओं का विस्तार करता है, जिससे वे बहुमुखी, अनुकूलनीय और उन कार्यों को करने में सक्षम हो जाते हैं जो कभी मानव क्षमताओं तक सीमित थे।

मनोरंजन में एआई: एआई का मनोरंजन उद्योग पर गहरा प्रभाव पड़ रहा है, जो कंटेंट निर्माण, वैयक्तिकरण और उपयोगकर्ता जुड़ाव को बढ़ाता है। एआई

एल्गोरिदम उपयोगकर्ता के अनुभवों को बेहतर बनाने के लिए फिल्मों, शो, संगीत और अन्य सामग्री का सुझाव देने के लिए उपयोगकर्ता की प्राथमिकताओं और व्यवहार का विश्लेषण करते हैं। यह रचनात्मक सामग्री निर्माण के क्षेत्र में एआई-जनित कला, संगीत और कहानियां रचनात्मक अभिव्यक्ति के नए और अभिनव रूपों में योगदान करती हैं। साथ ही गेमिंग एन्हांसमेंट के लिए भी एआई बुद्धिमान एनपीसी बनाकर, गतिशील गेम सामग्री उत्पन्न करके और कठिनाई स्तरों को अनुकूलित करके गेमिंग अनुभवों को बेहतर बनाता है। आवाज और वाक् पहचान के लिए एआई आवाज-नियंत्रित उपकरणों और प्रणालियों को सक्षम बनाता है, जिससे उपयोगकर्ता की बातचीत और पहुंच बढ़ती है। आभासी वास्तविकता (वीआर) और संवर्धित वास्तविकता (एआर): एआई उत्तरदायी आभासी वातावरण और यथार्थवादी इंटरैक्शन बनाकर वीआर और एआर में गहन अनुभवों को बढ़ाता है।

मनोरंजन उद्योग एआई के अनुप्रयोग से समृद्ध हो रहा है। यह अनुभवों को वैयक्तिकृत करता है, और उपयोगकर्ताओं को मीडिया और मनोरंजन के विभिन्न रूपों से जुड़ने के नए तरीके उपलब्ध कराता है। एआई सामग्री अनुशंसाओं, वैयक्तिकृत प्लेलिस्ट और कंप्यूटर-जनरेटेड ग्राफिक्स के माध्यम से मनोरंजन सम्बंधित अनुभवों का विस्तार कर समृद्ध बनाता है। जैसे नेटफ्लिक्स जैसे स्ट्रीमिंग प्लेटफॉर्म उपयोगकर्ता की प्राथमिकताओं और देखने के इतिहास का विश्लेषण करने, व्यक्तिगत पसंद के अनुरूप फिल्में और शो का सुझाव देने के लिए एआई एल्गोरिदम का उपयोग करते हैं।

कृषि में एआई: एआई ने रोबोटिक्स, फसल निगरानी और पूर्वानुमानित विश्लेषण जैसे अनुप्रयोगों के साथ कृषि क्षेत्र में क्रांति ला दी है। यह संसाधनों के उपयोग को सुव्यवस्थित करता है और फसल की उपज को बढ़ाता है। एआई

फसल की निगरानी, बीमारी का पता लगाने और उपज के सटीक अनुमान के माध्यम से सटीक कृषि में सहायता करता है।

- फसल की निगरानी: एआई फसल के स्वास्थ्य की निगरानी, बीमारियों का पता लगाने और पोषक तत्वों के स्तर का आकलन करने के लिए उपग्रह और ड्रोन इमेजरी का विश्लेषण करता है।
- परिशुद्ध कृषि: एआई-निर्देशित मशीनें उर्वरक और कीटनाशकों को ठीक वहीं उपयोग करती हैं जहां उनकी जरूरत होती है, जिससे अपशिष्ट और पर्यावरण पर दुष्प्रभाव कम होता है।
- पूर्वानुमानित विश्लेषण: एआई मॉडल मौसम के मिजाज और बढ़ती परिस्थितियों की भविष्यवाणी करते हैं, जिससे किसानों को सूचित निर्णय लेने में सहायता मिलती है।
- स्वचालित कटाई: एआई से सुसज्जित मशीनें फलों और सब्जियों को तोड़ने, दक्षता बढ़ाने और श्रम लागत को कम करने जैसे कार्यों को स्वचालित करती हैं।
- मृदा विश्लेषण: एआई बेहतर संसाधन प्रबंधन को सक्षम करते हुए मिट्टी की गुणवत्ता, नमी के स्तर और पोषक तत्व सामग्री का आकलन करता है।
- पशुधन प्रबंधन: एआई पशु स्वास्थ्य, व्यवहार और कल्याण की निगरानी करता है, पशुधन प्रबंधन प्रथाओं को बढ़ाता है।

कृषि में एआई का एकीकरण संसाधनों के उपयोग को अनुकूलित करता है, उत्पादकता बढ़ाता है, और बढ़ती वैश्विक आबादी की मांगों को पूरा करने के लिए अधिक टिकाऊ और कुशल कृषि पद्धतियों में योगदान देता है। उदाहरण: एआई से लैस ड्रोन फसल स्वास्थ्य का विश्लेषण करते हैं और उन क्षेत्रों की पहचान करते

हैं जिन पर ध्यान देने की आवश्यकता है, जिससे किसानों को संसाधन आवंटन का अनुकूलन करने और उत्पादकता बढ़ाने में मदद मिलती है।

ई-कॉमर्स में एआई: एआई आज ई-कॉमर्स उद्योग में भी क्रांति ला रहा है, ग्राहक अनुभव, वैयक्तिकरण और परिचालन दक्षता को बढ़ा रहा है। ई-कॉमर्स आकार, रंग और ब्रांड प्राथमिकताओं के आधार पर उत्पादों की अनुशंसा करते हुए, खरीदारी के अनुरूप अनुभव के लिए एआई का लाभ उठाता है। साथ ही एआई एल्गोरिदम प्रासंगिक उत्पादों का सुझाव देने, बिक्री और ग्राहक जुड़ाव बढ़ाने के लिए ग्राहकों की प्राथमिकताओं और खरीद इतिहास का विश्लेषण करता है। चैट-बॉट और वर्चुअल असिस्टेंट के माध्यम से एआई-संचालित चैट-बॉट तत्काल ग्राहक सहायता प्रदान करते हैं, प्रश्नों का उत्तर देते हैं और खरीदारी प्रक्रिया के दौरान खरीदारों का मार्गदर्शन करते हैं। इसके अलावा राजस्व और प्रतिस्पर्धात्मकता को अनुकूलित करते हुए मांग, प्रतिस्पर्धी मूल्य निर्धारण और बाजार के रुझान के आधार पर कीमतों को समायोजित करता है। यह एआई छवि-आधारित खोजों को सक्षम बनाता है, जिससे उपयोगकर्ता छवियों को अपलोड करके या वास्तविक समय कैमरा खोजों का उपयोग करके उत्पादों को ढूंढ सकते हैं। इसके साथ एआई सिस्टम सुरक्षित ऑनलाइन लेनदेन सुनिश्चित करते हुए, पैटर्न का विश्लेषण करके धोखाधड़ी वाले लेनदेन की पहचान करता है। आज के समय में एआई मांग का पूर्वानुमान लगाकर इन्वेंटरी प्रबंधन में भी योगदान दे रहा है। इस सन्दर्भ में यह स्टॉक के स्तर का प्रबंधन करता है, और स्टॉकआउट और ओवरस्टॉकिंग को कम करते हुए रीस्टॉकिंग प्रक्रियाओं को स्वचालित करता है।

शिक्षा में एआई: वर्तमान में, एआई, सीखने के अनुभवों को निजीकृत करके, प्रशासनिक कार्यों को बढ़ाकर और छात्र परिणामों में सुधार करके शिक्षा को

बदल रहा है। एआई ग्रेडिंग को स्वचालित बनाता है तथा शिक्षकों को शिक्षण के लिए अधिक समय उपलब्ध करा सकता है। एआई-संचालित चैट-बॉट शिक्षण सहायक के रूप में काम करते हैं, और भविष्य में एआई की एक वैयक्तिकृत वर्चुअल ट्यूटर के रूप में कल्पना की जा रही है जो कभी भी, कहीं भी पहुंच पायेगा। एआई शैक्षिक सामग्री को व्यक्तिगत छात्र की जरूरतों, गति और सीखने की शैलियों के अनुसार अनुकूलित करता है, जिससे अधिक प्रभावी शिक्षण को बढ़ावा मिलता है। साथ ही ये छात्रों को जटिल विषयों की समझ में सहायता करते हुए वास्तविक समय पर प्रतिक्रिया, मार्गदर्शन और सहायता प्रदान करता है। इसके अलावा एआई ग्रेडिंग और मूल्यांकन प्रक्रियाओं को स्वचालित करता है, जिससे शिक्षकों का समय बचता है और छात्रों को त्वरित प्रतिक्रिया मिलती है। और एआई रुझानों, सुधार के क्षेत्रों और संभावित हस्तक्षेपों की पहचान करने के लिए छात्र प्रदर्शन डेटा का विश्लेषण करता है। तथा एआई इंटरैक्टिव भाषा अभ्यास, उच्चारण सुधार और वैयक्तिकृत शिक्षण पथ प्रदान करके भाषा अधिग्रहण का समर्थन करता है। शिक्षा में एआई का समावेश अनुकूलित सीखने के अनुभवों को बढ़ावा देता है और शिक्षण विधियों और परिणामों को बढ़ाने के लिए डेटा-संचालित अंतर्दृष्टि के साथ शिक्षकों को एक सशक्त माध्यम प्रदान करता है।

आज एआई के अनुप्रयोग से अर्थव्यवस्था और समाज के विकास में उल्लेखनीय सुधार हो रहा है। एआई उद्योगों में दक्षता बढ़ाता है, जिससे उत्पादकता और नवाचार में वृद्धि होती है। यह संसाधन आवंटन को इष्टतम बनाता है, परिचालन लागत को कम करता है और निर्णय लेने की प्रक्रियाओं को सुव्यवस्थित करता है। इसके अलावा, एआई-संचालित स्वचालन रोजगार के नए अवसर पैदा करता है और श्रम गतिशीलता को बदल देता है। समाज में, एआई,

स्वास्थ्य देखभाल, शिक्षा और सामाजिक सेवाओं में सहायता करता है, जिससे उन्हें अधिक सुलभ और अनुकूलित बनाया जाता है। हालाँकि, नैतिक विचारों और कार्यबल परिवर्तन को प्रबंधित किया जाना चाहिए क्योंकि एआईनये आर्थिक परिदृश्य और सामाजिक ताने-बाने को आकार देता है। ई-कॉमर्स मेंएआई का एकीकरण संचालन को सुव्यवस्थित करता है, उपयोगकर्ता केअनुभवों को समृद्ध करने के साथ साथ प्रासंगिक बनाता है, और व्यक्तिगत ग्राहकों को अनुरूप उत्पादों और सेवाओं की पेशकश करके विकास को गति देता है।

आर्टिफिशियल इंटेलिजेंस: समस्याएं और चुनौतियाँ

आर्टिफिशियल इंटेलिजेंस के फायदे बहुत स्पष्ट हैं और विभिन्न स्थानों पर उनकी चर्चा की जा रही है लेकिन इसकी खामियों को पहचानना आवश्यक है। कृत्रिम बुद्धिमत्ता से जुड़ी समस्याओं, मुद्दों और चुनौतियों को समझना जरूरी है ताकि एआई के प्रतिकूल प्रभावों को कम किया जा सके। इन समस्याओं के बारे में जागरूक होकर एआई सिस्टम को अधिक नैतिक रूप से डिजाइन और कार्यान्वित कर सकते हैं। यह जानकारी जोखिमों को कम करने के लिए नैतिक आदर्शों और इष्टतम तरीकों के कार्यान्वयन को बढ़ावा देता है। इससे अधिक समावेशी और न्यायसंगत तकनीकी परिदृश्य को बढ़ावा मिल सकता है। एआई से सम्बंधित मुख्य समस्याओं और मुद्दों की विस्तृत चर्चा इस अध्याय में की गई है

बढ़ी हुई लागत: आर्टिफिशियल इंटेलिजेंस (एआई) कार्यान्वयन में अक्सर महत्वपूर्ण लागत आती है। एआई सिस्टम के विकास, प्रशिक्षण और रखरखाव के लिए पर्याप्त वित्तीय निवेश की आवश्यकता होती है। हाई-एंड हार्डवेयर, विशेष सॉफ्टवेयर और कुशल पेशेवर एआई एकीकरण से जुड़ी बढ़ी हुई लागत में योगदान करते हैं। इस के चलते छोटे व्यवसायों और कम समृद्ध क्षेत्रों के लिए एआई को अपनाना चुनौतीपूर्ण हो सकता है। इसके अलावा, चल रहे रखरखाव और अपडेट भी वित्तीय बोझ में योगदान करते हैं। लागत कारक एआई के लाभों तक व्यापक पहुंच में बाधा उत्पन्न कर सकता है, जिससे समाज के विभिन्न क्षेत्रों में इसे अपनाने में असमानताएं पैदा हो सकती हैं।

सीमित रचनात्मकता: जबकि आर्टिफिशियल इंटेलिजेंस (एआई) डेटा विश्लेषण और पैटर्न पहचान में उत्कृष्ट है किन्तु अन्य क्षेत्रों की अपेक्षा यह रचनात्मकता के क्षेत्र में कम विकसित हुआ है। एआई सिस्टम में वास्तविक रचनात्मकता और कल्पना की कमी होती है, क्योंकि वे निर्णय लेने के लिए एल्गोरिदम और ऐतिहासिक डेटा पर निर्भर होते हैं। जिन कार्यों के लिए नवीन सोच, मौलिकता और "आउट ऑफ़ बॉक्स" सोचने की क्षमता की आवश्यकता होती है, वे अभी भी मानव बुद्धि का क्षेत्र ही बने हुए हैं। कला, साहित्य और वैचारिक समस्या-समाधान जैसे क्षेत्रों में, एआई-जनित आउटपुट में मानव रचनात्मकता द्वारा प्रदान की जाने वाली गहराई और प्रामाणिकता की कमी पाई जाती है। यह सीमा मानव संज्ञानात्मक क्षमताओं की विशिष्टता को रेखांकित करती है।

भावनात्मक शून्यता: आर्टिफिशियल इंटेलिजेंस (एआई) भावनाओं से रहित होकर काम करता है, एक ऐसी विशेषता जिसमें फायदे और नुकसान दोनों होते हैं। जबकि एआई की तर्कसंगतता और निरंतरता सटीक निर्णय लेने में योगदान देती है, भावनात्मक समझ की अनुपस्थिति मानवीय भावनाओं को समझने या समझने की इसकी क्षमता में बाधा डालती है। थेरेपी या कोलेबोरेटिव जैसे संदर्भों में, एआई की भावनात्मक शून्यता एक अलगाव पैदा कर सकती है। चैट-बॉट और वर्चुअल असिस्टेंट में वास्तविक भावनात्मक प्रतिक्रियाओं का अभाव होता है, जिससे उन स्थितियों में उनकी प्रभावशीलता सीमित हो जाती है, जिनमें संवेदनशीलता और सहानुभूति की आवश्यकता होती है। यह भावनात्मक अंतर जटिल मानवीय भावनाओं को समझने और उनसे संबंधित होने में एआई की सीमाओं को उजागर करता है।

अनुचित निर्भरता: आर्टिफिशियल इंटेलिजेंस (एआई) पर अत्यधिक निर्भरता से प्रौद्योगिकी पर निर्भरता की भावना बढ़ सकती है। जैसे-जैसे एआई

सिस्टम दैनिक कार्यों का अभिन्न अंग बन जाता है, व्यक्ति और उद्योग अपनी क्षमताओं पर अत्यधिक निर्भर हो सकते हैं। यह निर्भरता जोखिम पैदा करती है, खासकर जब एआई सिस्टम में त्रुटियां या व्यवधान आते हैं। उदाहरण के लिए, यदि एआई-संचालित वित्तीय प्रणाली खराब हो जाती है, तो इससे महत्वपूर्ण वित्तीय नुकसान हो सकता है। प्रौद्योगिकी पर अनुचित निर्भरता को रोकने के लिए एआई एकीकरण और मानव विशेषज्ञता बनाए रखने के बीच संतुलन बनाना महत्वपूर्ण हो जाता है।

मूल रचनात्मकता का अभाव: आर्टिफिशियल इंटेलिजेंस (एआई) की वास्तविक रचनात्मकता पैदा करने में असमर्थता एक उल्लेखनीय सीमा बनी हुई है। जबकि एआई मौजूदा डेटा का विश्लेषण कर सकता है और पैटर्न के आधार पर सामग्री तैयार कर सकता है, यह मानव विचार में निहित सहज और कल्पनाशील रचनात्मकता को प्रदर्शित करने के लिए संघर्ष करता प्रतीत होता है। संगीत रचना या उपन्यास लेखन जैसे कलात्मक क्षेत्रों में, एआई-जनित सामग्री में मनुष्य द्वारा लाई जाने वाली मौलिकता और भावनात्मक गहराई का अभाव हो सकता है। सच्चा नवाचार और पूरी तरह से नए विचारों की संकल्पना करने की क्षमता ऐसे क्षेत्र बने हुए हैं जहां एआई की क्षमताएं कम पड़ जाती है और यह तथ्य ही मानवीय रचनात्मक अभिव्यक्ति के विशिष्ट पहलुओं को उजागर करता है।

अन्य आशंकाएं: एआई वर्तमान में विभिन्न क्षेत्रों में अपनी उपयोगिता सिद्ध कर चूका है किन्तु हमारे दैनिक जीवन में एआई का बढ़ता समावेश बहुत सी नैतिक और सामाजिक आशंकाएं जन्म ले रही हैं। वर्तमान में, एआई नियम-आधारित सिस्टम से मशीन लर्निंग में परिवर्तित हो रहा है(रसेल और नॉरविग, 2016)। यह बदलाव रोबोटों को ज्ञान प्राप्त करने और अनुभव के माध्यम से अपने प्रदर्शन

को बढ़ाने में सक्षम बनाता है। नतीजतन, एआई अपनी क्षमताओं की सीमा का विभिन्न दिशाओं में बहुत तेजी से विस्तार कर रही है। परिणामस्वरुप एआई से स्वास्थ्य देखभाल, वित्त, परिवहन और मनोरंजन जैसे विभिन्न क्षेत्रों में उत्पादकता, प्रभावशीलता और सटीकता को बढ़ाकर समाज को और भी तेजी से बदलाव ला सकती है। फिर भी, एआई की बढ़ती प्रगति और उपयोग ने आर्थिक, सामाजिक, नैतिक और कानूनी दुविधाओं सहित इसके सामाजिक प्रभावों के बारे में कई आशंकाएं पैदा की हैं। एआई से संबंधित नैतिक विचारों में एआई निर्णय लेने में पूर्वाग्रह की संभावना, व्यक्तिगत डेटा के उपयोग के संबंध में गोपनीयता और सुरक्षा के मुद्दे और साइबर हमलों और जासूसी जैसे नापाक कारणों से एआई के शोषण का जोखिम शामिल है।

सामाजिक और तकनीकी पहलूओं में समायोजन का अभावः एआई अनुसंधान को मोटे तौर पर तकनीकी और सामाजिक पहलुओं में वर्गीकृत किया जा सकता है। तकनीकी पहलू प्राकृतिक विज्ञान और इंजीनियरिंग से संबंधित हैं जबकि सामाजिक पहलू, सामाजिक विज्ञान और मानविकी से संबंधित हैं। अध्ययनों में इन दोनों पहलुओं को एक-दूसरे से काफी हद तक अलग ही रखा गया है। एआई के सामाजिक प्रभाव की पहचान अक्सर एक अनुक्रमिक पैटर्न का पालन करती है, जहां एआई को शुरू में एक तकनीकी इकाई के रूप में माना जाता है और इसके कार्यान्वयन के बाद ही इसके सामाजिक प्रभावों पर विचार किया जाता है।

उदाहरण के तौर पर, पोलैंड ने सार्वजनिक रोजगार सेवाओं की दक्षता बढ़ाने के लिए एल्गोरिदम निर्णय लेने के साथ एक एआई प्रणाली लागू की (स्ज़टेंडर-स्ज़टेंडर्स्का और ज़िलेंस्का, 2018)। इस प्रणाली का उद्देश्य विभिन्न कार्यक्रमों के लिए उनकी पात्रता सुनिश्चित करने के लिए बेरोजगार व्यक्तियों

की प्रोफाइल बनाना था। प्रोफाइलिंग प्रणाली ने बेरोजगार व्यक्तियों के विशिष्ट लक्षणों पर डेटा एकत्र करने के बाद, उन्हें एक एल्गोरिदम के माध्यम से तीन समूहों में वर्गीकृत किया। हालाँकि व्यक्तियों को इस बात की जानकारी नहीं थी कि उन्हें कौन सी श्रेणी सौंपी गई है या इसके पीछे क्या कारण हैं। सिस्टम ने बेरोजगार व्यक्तियों को अनुकूल या प्रतिकूल निवेश के रूप में वर्गीकृत किया और इस पहलू पर मानव अधिकार आयुक्त ने आपत्ति की जिसके परिणामस्वरूप एल्गोरिदम के निर्धारण को अनुचित मानते हुए अंततः सिस्टम पर प्रतिबंध लगा दिया गया (कुज़ीम्स्की और मिसुरका, 2020)। इस मामले में यह कहा जा सकता है कि सार्वजनिक सेवा के परिवेश में मानव निर्णय और एल्गोरिदमिक निर्णय लेने को एकीकृत और कार्यान्वित करने के लिए एक अच्छी तरह से परिभाषित रणनीति का अभाव था। ऐसी असफलताओं को रोकने के लिए यह आवश्यक है कि यदि डेवलपर्स तकनीकी पक्षों के साथ साथ नैतिकता, सामाजिक और कानून सम्बन्धी मुद्दों को भी समझने का प्रयास करें ताकि सिस्टम के विफल होने का कारण बनने वाले मुख्य मुद्दों की पहचान की जा सके। विचार और नवाचार के शुरुआती चरणों में सामाजिक अनुसंधान को शामिल करके, डेवलपर्स भविष्य की सामाजिक बाधाओं को प्रेडिक्ट करने और उन्हें प्रभावी ढंग से संबोधित करने की अपनी क्षमता बढ़ा सकते हैं।

किसी भी एआई विकास परियोजना का एक अनिवार्य पहलू एक विशिष्ट कार्य की पहचान करना है जिसे स्वचालित किया जा सकता है। हालांकि इसके लिए सिस्टम द्वारा अपेक्षित तकनीकी और सामाजिक दोनों दक्षताओं की व्यापक समझ की आवश्यकता होती है। ये गुण अक्सर एक साथ विकसित नहीं होते हैं, जिसके परिणामस्वरूप अवांछनीय परिणाम और टालने योग्य विफलताएं बढ़ाएं उत्पन्न कर सकती हैं। इसका तात्पर्य यह है कि हमें उस व्यापक संदर्भ

जिसमें सिस्टम कार्य करेगा को एआई विकास के दायरे में सम्मिलित करना होगा। डालिन (2021) के अनुसार एआई प्रणाली के सामाजिक परिणामों को तकनीकी प्रगति के बाद ही संबोधित किए जाने वाले एक अलग मामले के रूप में नहीं देखा जा सकता है। इंजीनियरों को यह स्वीकार करना चाहिए कि एआई मॉडल के निर्माण में उनकी भागीदारी में समाज को प्रभावित करने वाली सामाजिक प्रथाएं भी शामिल हैं। हमें बेहतर सिस्टम विकसित करने के लिए, मानव-एआई इंटरैक्शन के सामाजिक पहलू को प्राथमिकता देना अनिवार्य है। इस सन्दर्भ में यह तथ्य समझना होगा कि एआई सिस्टम इंसानों से पूरी तरह अलग-थलग रहकर काम नहीं करते हैं और उनकी प्रभावशीलता, कुछ हद तक, इंसानों द्वारा स्वीकार किए जाने पर निर्भर करती है। उपयोगकर्ता-स्वीकृत प्रौद्योगिकियों को विकसित करने के लिए मानव-एआई इंटरैक्शन के समन्वय से संबंधित जटिल चुनौतियों का समाधान करने की आवश्यकता है।

हाल में प्रकाशित शोध के अनुसार, प्रोबोट नामक ऐसा रोबोट विकसित किया गया जो स्वतंत्र रूप से प्रोस्टेट से संबधित सर्जिकल प्रक्रियाएं कर सकता है जिससे उत्कृष्ट परिणाम प्राप्त हुए हैं। इसके साथ कार्य करते हुए सर्जन की जिम्मेदारी आपातकालीन स्टॉप बटन का उपयोग करने तक सीमित थी। हालाँकि, प्रोबोट के निष्पादन के दौरान जटिलताएँ उभरीं। सर्जनों में निष्क्रियता की भावना ने जन्म लिया जिससे वे सिस्टम के साथ सहज रूप से कार्य नहीं कर पाए। अंततः सर्जनों की पर्यवेक्षकों की भूमिका में निष्क्रिय भागीदार बनने के चलते इस प्रणाली को अस्वीकार कर दिया गया (डाहलिन, 2021)। यह उदाहरण दर्शाता है कि किसी प्रणाली की स्वीकृति के लिए न केवल उसकी तकनीकी क्षमताओं की समझ की आवश्यकता होती है, बल्कि इसके परिणामस्वरूप उत्पन्न होने वाले जटिल सामाजिक विचारों के बारे में भी

जागरूकता की आवश्यकता होती है। एआई सिस्टम की स्पष्टता और खुलेपन को बढ़ाना उपयोगकर्ताओं के लिए सिस्टम को समझने के लिए महत्वपूर्ण है, खासकर स्वास्थ्य देखभाल जैसे क्षेत्र में।

हालाँकि, यह समझ आवश्यक रूप से प्रौद्योगिकी की स्वीकृति सुनिश्चित नहीं करती है। अन्य कारकों, जैसे सिस्टम के साथ काम करने वाले लोगों की सहजता और स्वीकार्यता भी महत्वपूर्ण भूमिका निभा सकती है। इसके विपरीत, अन्य एआई सिस्टम के कुछ उपयोगकर्ता किसी सिस्टम की तकनीकी आर्किटेक्चर की व्यापक समझ के बिना उसे अपना सकते हैं और उसका उपयोग कर सकते हैं। इसलिए, एआई की स्वीकार्यता में योगदान देने वाले कारकों का निर्धारण करते समय, केवल पारदर्शिता और व्याख्या से परे जाकर, विश्लेषण के दायरे को व्यापक बनाना महत्वपूर्ण है।

एआई सिस्टम के लिए उपयोगकर्ताओं की स्वीकृति सफलतापूर्वक प्राप्त करना आवश्यक होता है। यह सिस्टम की तकनीकी कार्यक्षमताओं के अलावा अन्य कारको से भी प्रभावित हो सकती है। अतः सिस्टम स्वीकार्यता की जटिल समस्या से निपटने के लिए, यह अनुशंसा की जाती है कि भविष्य की अनुसंधान परियोजनाएं उस विशिष्ट क्षेत्र में किए गए परीक्षणों का व्यापक सामाजिक मूल्यांकन करें।

मानव-एआई इंटरैक्शन: उपरोक्त अनुच्छेदों में वर्णित तथ्यों से यह देखा जा सकता है कि एआई सिस्टम अलग-थलग रहकर अपने लक्ष्य में सफल नहीं हो सकते और उनकी स्वीकार्यता, उनके अपनाये जाने की संभावना एवं परिणाम स्वरुप उनकी प्रभावशीलता को प्रभावित करेगी। अतः बेहतर सिस्टम विकसित करने के लिए, मानव-एआई इंटरैक्शन के सामाजिक पहलू को प्राथमिकता देना अनिवार्य है। उपयोगकर्ता-स्वीकृत प्रौद्योगिकियों को विकसित करने के लिए मानव-एआई इंटरैक्शन के समन्वय से संबंधित जटिल चुनौतियों का समाधान करने की

आवश्यकता है। हालाँकि, प्रोबोट के निष्पादन के दौरान जटिलताएँ उभरीं। सर्जनों में निष्क्रियता की भावना थी क्योंकि उन्हें मुख्य रूप से पर्यवेक्षकों की भूमिका में धकेल दिया गया था, जिससे सिस्टम के साथ उनकी असहजता की अभिव्यक्ति हुई (यिप और दास, 2017)। सर्जनों की निष्क्रिय भागीदार बनने की धारणा के कारण अंततः इस प्रणाली को अस्वीकार कर दिया गया (रोड्रिग्ज़ & डेविस, 2009)। यह उदाहरण दर्शाता है कि किसी प्रणाली की स्वीकृति के लिए न केवल उसकी तकनीकी क्षमताओं की समझ की आवश्यकता होती है, बल्कि इसके परिणामस्वरूप उत्पन्न होने वाले जटिल सामाजिक विचारों के बारे में भी जागरूकता की आवश्यकता होती है। एआई सिस्टम की स्पष्टता और खुलेपन को बढ़ाना उपयोगकर्ताओं के लिए सिस्टम को समझने के लिए महत्वपूर्ण है यह तथ्य खासकर स्वास्थ्य देखभाल के क्षेत्र में और भी महत्वपूर्ण हो जाता है। हालाँकि, यह समझ आवश्यक रूप से प्रौद्योगिकी की स्वीकृति सुनिश्चित नहीं करती है। इस मामले में अन्य कारकों, जैसे 'सिस्टम के साथ काम करने वाले लोगों का सहज महसूस करना', ने महत्वपूर्ण भूमिका निभाई। उपयोगकर्ताओं को प्रस्तावित एआई सिस्टम को पूरी तरह से समझने में सक्षम बनाने के लिए एआई सिस्टम के लक्ष्यों की स्पष्टता, ओपननेस और पारदर्शिता को बढ़ाना महत्वपूर्ण है। हालाँकि, यहाँ इस तथ्य पर ध्यान देना आवश्यक है कि उपयोगकर्ताओं की एआई सिस्टम के बारे में समझ आवश्यक रूप से हमेशा उनकी स्वीकृति सुनिश्चित नहीं करती है। अतः सिस्टम स्वीकार्यता की जटिल समस्या से निपटने के लिए, ये जरूरी है कि अनुसंधान परियोजनाएं, एआई प्रणाली के परीक्षणों का व्यापक सामाजिक मूल्यांकन करें और नकारात्मक परिणामों की रोकथाम के लिए आवश्यक कदम उठायें।

मानव और एआई गतिविधि को प्रभावी ढंग से एकीकृत करने के लिए, विभिन्न विषयों के विशेषज्ञों को अपनी विभागीय और अनुशासनात्मक सीमाओं से आगे सहयोग को बढ़ाना महत्वपूर्ण हो जता है। उद्योगों, डेवलपर्स और

विश्वविद्यालयों को ऐसे प्रयासों के लिए सुविधाएँ विकसित करने और फंडिंग उपलब्ध कराने में महत्वपूर्ण भूमिका है। इस दिशा में विश्वविद्यालय की पहल से विभिन्न डोमेन के शोधकर्ताओं के बीच कनेक्शन, सहयोग की शुरुआत और सहयोग की सुविधा प्रदान की जा सकती है।

एक एआई प्रणाली अक्सर उन अंतर्निहित धारणाओं को संशोधित करती है जिन पर उसका अभ्यास आधारित कर विकसित किया गया है। इसलिए, एआई सिस्टम को केवल तकनीकी उपकरण या उपकरण के रूप में समझना कुछ हद तक भ्रामक है। इसके लिए स्टॉक ट्रेडिंग काउदाहरण बहुत उपयुक्त लगता है।

आज एआई सिस्टम ने शेयर बाजार की गतिशीलता को पूरी तरह से बदल दिया है। जैसा कि आसानी से देखा जा सकता है कि वर्तमान स्टॉक-ट्रेडिंग पद्धतियां एआई सिस्टम के बिना कार्य नहीं कर सकती हैं। मानव व्यापारियों के साथ स्वचालित व्यापार प्रणालियों के एकीकरण का व्यापारिक गतिविधियों के निष्पादन पर गहरा प्रभाव पड़ा है (रंडल, 2019)। वित्तीय विश्लेषकों के पास अब स्वचालित ट्रेडिंग सिस्टम के कार्यों की भविष्यवाणी करने के साथ यह भी मूल्यांकन करना है कि मानव व्यापारीविभिन्न घटनाओं के सापेक्ष में क्या कदम उठाएंगे (लेंगलेट, 2011)। परिणाम स्वरुप ट्रेडिंग एल्गोरिदम केवल निष्क्रिय उपकरण नहीं माना जा सकता हैं; बल्कि, वे बाज़ार को आकार देने में सक्रिय भूमिका निभाते हैं। शेयर बाजार का उदाहरण दर्शाता है कि एआई सिस्टम और मानव सम्बन्ध द्वि-दिशीय है तथा एआई तकनीक सामाजिक-तकनीकी गतिशीलता को भी बदल सकती है। एआई सिस्टम का प्रशिक्षण सामाजिक-तकनीकी इंटरैक्शन में बदलाव के चलते जटिलता पैदा करता है। परिणाम स्वरुप यह सटीक रूप से भविष्यवाणी करना संभव नहीं हो पता

कि व्यक्ति नव निर्मित एआई प्रणाली के साथ कैसा व्यवहार करेंगे। यदि एआई प्रणाली को वास्तविक दुनिया के अनुप्रयोगों में लागू किया जाए तो इसकी मौलिक प्रकृति बदल सकती है क्योंकि यह कार्य परिवेश की अंतर्निहित परिस्थितियों को बाधित कर सकते हैं। इसलिए, प्रशिक्षण डेटा की सटीकता और विश्वसनीयता सुनिश्चित करने की चुनौती से निपटने के लिए भविष्य में शोध करना आवश्यक है। सरल शब्दों में, एआई प्रणाली की शुरूआत के कारण प्रबंधक और ऑपरेटर अपने व्यवहार और तर्क को संशोधित कर सकते हैं, इसलिए प्रशिक्षण डेटा की प्रयोज्यता पर सवाल उठ रहे हैं। कार्य परिवेश की अंतर्निहित अस्थिरता को पहचानते हुए, एआई के अनुप्रयोग के चलते प्रबंधक और ऑपरेटर के साथ स्थापित प्रेक्टिस में आये परिवर्तनों की परीक्षा को एआई प्रणाली के विकास के साथ एकीकृत करना चाहिए। नतीजतन, एआई प्रणाली के विस्तारित कार्यान्वयन के दौरान, सामाजिक-तकनीकी संबंधों में परिवर्तनों का सामाजिक विश्लेषण पर ध्यान केंद्रित करना आवश्यक है। इससे एआई सिस्टम में सकारात्मक संशोधन करने की संभावनायें बढ़ सकती हैं।

मानव मशीन प्रतिस्पर्धा या सहयोग: एआई के बढ़ते हुए अनुप्रयोग को क्या मानव और मशीनें के बीच की प्रतिस्पर्धा के रूप में देखा जाना उचित होगा ? इतिहास के पन्नो को उलटने से ये साफ़ देखा जा सकता है कि औद्योगिक क्राति के बाद से विशेष रूप से, व्यक्तियों द्वारा अपने श्रम को स्वचालित मशीनरी को सौंपने की प्रक्रिया लगातार चल रही है। प्रारंभ में, मशीनें प्रिंटिंग, बुनाई, खननं जैसे नीरस और दोहराव वाले शारीरिक कार्यों तक ही सीमित थीं। हालाँकि, अब वे जटिल संज्ञानात्मक कार्य करने में सक्षम हैं। 21वीं सदी में, एआई आज विभिन्न

क्षेत्रों में मनुष्यों द्वारा किये जाने वाले संज्ञानात्मक एवं तकनीकी कार्य भी कर रहीं हैं। यह हमारी बौद्धिक क्षमताओं को प्रौद्योगिकी को सौंपने की नई प्रकिया को दर्शाता है। इस वर्तमान प्रवृत्ति को देखते हुए, ऐसा प्रतीत होता है कि निकट भविष्य में लगभग किसी भी कार्य को यंत्रीकृत किया जा सकता है, जिसका अर्थ है कि कोई भी व्यवसाय मशीनों को सौंपे जाने से अछूता नहीं रहेगा।

इस दृष्टिकोण से ए आई जनित बदलाव को अर्थशास्त्र की प्रचलित जीरो सम खेल की तरह देखना अनुचित होगा। सैद्धांतिक तौर पर जीरो सम गेम में केवल एक ही विजेता हो सकता है। इस आशंका को एक सवाल के रूप में संदर्भित करना बेहत हो सकता है - कि क्या एआई और मनुष्यों में समान गुण और क्षमताएँ हैं इस सन्दर्भ में ये आसानी से देखा जा सकता है कि एआई संचालित मशीनें मनुष्यों के सामान सहज, भावनात्मक या सांस्कृतिक रूप से संवेदनशील नहीं हैं हालाँकि ये मशीनें तेज़, अधिक सटीक और लगातार तर्कसंगत हो सकती हैं। दरअसल मानवीय क्षमताएँ अधिक व्यापक हैं। यह सुलभ डेटा के प्रति एआई की सीमित प्रतिक्रिया के विपरीत, मनुष्यों में कल्पना करने, भविष्यवाणी करने, भावनाओं का अनुभव करने और उभरती परिस्थितियों का मूल्यांकन करने की क्षमता होती है। जबकि एआई और मानव इंटेलिजेंसएक दूसरेके साथ प्रतिस्पर्धा में प्रतीत हो सकतेहैं लेकिन वे परस्पर सहयोगात्मक भी हो सकते हैं। संगठनों के दायरे में, बुद्धिमत्ता के दोनों रूप- एआई और मानव की विशिष्ट क्षमताओं की एक विविध श्रृंखला प्रदान कर सकते हैं। यदि व्यक्ति और कंप्यूटर एक दूसरे के साथ सहयोगात्मक रूप से कार्य कर पायें तो बेहतर परिणाम निकल सकते हैं। अधिक उत्पादकता और संज्ञानात्मक दिनचर्या का स्वचालन बहुत सी स्तिथियोंमे लाभकारी हो सकता है। वैसे नई तकनीक आमतौर पर अपने कार्यान्वयन की

शुरुआत में विघटनकारी प्रभाव लाती है लेकिन विकसित एवं स्थापित होने के बाद ही उसका वास्तविक मूल्य पता चलता है।

नई विविधता और नया मनोविज्ञान: एआई संचालित मशीनों और उनके प्रभावों के अर्थ को मनुष्य के सोचने और कार्य करने के सन्दर्भ में जानना और समझना बहुत आवश्यक है ताकि एआई संचालित मशीनों और तकनीकों को मनुष्यों के साथ एकीकृत करने के लिए प्रभावी रणनीतियां बनाई जा सके। हम इस बदलाव का पारंपरिक तरीकों से आगे निकलने का निष्क्रिय रूप से इंतजार नहीं कर सकते। इस विषय में क्रेमर और कास्पारोव (2021) के अनुसार सबसे पहले, इंसानों और गैर इंसानों- एआई संचालित मशीनों की एक साथ काम करने के लिए टीम बनेगीं जिससे एक नई प्रकार की विविधता जन्म लेगी। यह बदलाव संस्थाओं में नई विविधता का मनोविज्ञान भी अपने साथ लाएगा। एक गैर-मानवीय सहकर्मी के रूप में मशीन को भी किसी अन्य की तरह अविश्वास और नकारात्मक अपेक्षाओं का सामना करना पड़ सकता है। टीम लीडर को ऐसी नकारात्मक परिस्तिथि एवं गतिशीलता को संबोधित करने में सक्षम होने की आवश्यकता है। परिणाम स्वरुप ऐसे नई विविधताओं वाली टीम प्रक्रियाओं को प्रभावी ढंग से प्रबंधित करने की आवश्यकता होगी और यह कार्य मनुष्यों को ही करना होगा। संभवतः मनुष्यों और मशीनों को निर्धारित लक्ष्यों के साथ संरेखित करने के लिए एआई की शक्तियों और सामर्थ्य और कमजोरियों को समझने की आवश्यकता होगी। इस सन्दर्भ में संवर्धित बुद्धिमत्ता की आवश्यकता दरअसल मानव और एआई दोनों की क्षमताओं का लाभ उठाने की आकांक्षा से उत्पन्न होती है। संवर्धित बुद्धिमत्ता मानव पदों को प्रतिस्थापित करने के बजाय मानवीय क्षमताओं को बेहतर बनाने के लिए लोगों और कृत्रिम बुद्धिमत्ता (एआई) के साथ मिलकर काम करने का विचार है।

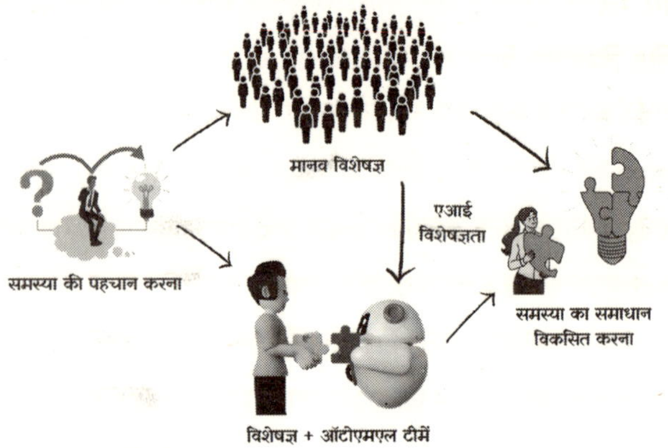

चित्र-8 मानव-मशीन टीम और नई विविधता

संवर्धित बुद्धिमत्ता की अवधारणा का उपयोग हम एआई के साथ मानव हितों की पूर्ती के साथ समुचित तकनीकी विकास के लिए कर सकते हैं। संवार्धित बुद्धिमत्ता दरअसल मनुष्यों को विकास की इस नई श्रंखला में सार्थक सहभागी बनाते हुए कृत्रिम बुद्धिमत्ता के साथ काम करती है और उन्हें निर्णय लेने और सहयोगाताम्क रूप से जुड़ने की सुविधा प्रदान करती है। इस दृष्टिकोण को अपनाते हुए उद्यमी और संस्थाएं अपने कार्यबल का विस्तार कर सकते हैं जहां मनुष्य और मशीन दोनों सामजिक आर्थिक और औद्योगिक विकास में अपना योगदान दे सकते हैं। ऑगमेंटेड इंटेलिजेंस को प्राकृतिक और कृत्रिम बुद्धिमत्ता का सहयोगात्मक स्वरुप माना जा सकता है। एआई की यह वैकल्पिक संकल्पना, मानवीय भावनात्मक और तार्किक बुद्धिमत्ता के साथ एआई को सशक्त बनाने का प्रयास करती है। इसे इंटेलिजेंस एम्प्लीफिकेशन (IA) के रूप में भी जाना जाता है, संवर्धित इंटेलिजेंस का उद्देश्य एआई मनुष्यों को प्रतिस्थापित करने के बजाय मानवीय क्षमताओं की सीमाओं को बढ़ाना है।

जोखिम भरे या दोहराए जाने वाले कार्यों को स्वचालित करके और डेटा-संचालित विश्लेषण के उपयोग से, संवर्धित बुद्धिमत्ता विभिन्न क्षेत्रों में दक्षता बढ़ाने की क्षमता रखती है, जिससे संगठन अपने संसाधनों का उपयोग कर अधिकतम हासिल करने में सक्षम बनाये जा सकते हैं। साथ ही स्वचालन और एआई के कार्यान्वयन से चिकित्सा निदान जैसे महत्वपूर्ण उपक्रमों में मानवीय गलतियों की संभावना काफी कम हो सकती है।

आर्टिफिशियल इंटेलिजेंस: जिम्मेदारी और नैतिकता

पूर्व के अध्यायों में वर्णित तथ्यों से आसानी से देखा जा सकता है कि एआई के बढ़ते हुए प्रभाव के साथ बहुत से नैतिक प्रश्न और दुविधाएँ भी उठ रही हैं। दरअसल एआई के बढ़ते अनुप्रयोगों से नई प्रकार की नैतिक, कानूनी और शासन संबंधी चुनौतियाँ उत्पन्न हो रही हैं। इन चुनौतियों में मुख्यतः अनपेक्षित भेदभाव, पक्षपातपूर्ण परिणाम, ग्राहकों की जागरूकता और ज्ञान से संबंधित मुद्दे सम्मिलित हैं। ये सूची यहीं तक सीमित नहीं है वरन इसमे इसी प्रकार की बहुत सी अन्य समस्याएं भी शामिल हैं। इस सन्दर्भ में ट्विटर-आधारित चैटबॉट «Tay" का प्रसिद्ध उदाहरण का उल्लेख आवश्यक है। इसे 2016 में Microsoft द्वारा लॉन्च किया गया था। चैटबॉट, जिसे शुरू में "बातचीत की समझ" के लिए बनाया गया था, स्त्री-द्वेषी, नस्लवादी, और राजनीतिक रूप से ग़लत भाषा जैसे मुद्दों के चलते इसे एक दिन के भीतर निष्क्रिय कर दिया गया (नेफ़ और नेगी, 2016)। इस तरह के उदाहरणों ने नीति अधिकारियों, शोधकर्ताओं और चिकित्सकों को यह सोचने के लिए प्रेरित किया है कि एआई की उन्नति और उपयोग «जिम्मेदार» मानदंडों का पालन कैसे कर सकता है (बैरेडो एरिएटा एट अल।, 2020)। इन समस्याओं ने इस क्षेत्र में दो प्रमुख अवधारणाओं को जन्म दिया है: रेस्पोंसिबल एवं इथिकल एआई। इस खंड में, हम इन शब्दों की परिभाषाओं, उनके अंतरों, वे कैसे परस्पर संबंधित हैं तथा वे कौन से सिद्धांत अपनाते हैं – इन बिन्दुओं पर चर्चा करेंगे। साथ ही उद्योग, शिक्षा, अनुसंधान और बड़े पैमाने पर समाज में

उनकी महत्वपूर्ण भूमिका का पता लगाएंगे। इसके अतिरिक्त, हम इन चुनौतियों पर गहराई से विचार करेंगे और अंततः एआई के लिए एक संतुलित नैतिक ढांचे के महत्व पर कुछ महत्वपूर्ण सुझाव दिए जायेंगे। एआई हमारी दुनिया को नया आकार देने में एक शक्तिशाली शक्ति के रूप में उभरी है। स्वास्थ्य सेवा में क्रांति लाने से लेकर आपूर्ति श्रृंखला लॉजिस्टिक्स को अनुकूलित करने तक, एआई परिवर्तनकारी परिवर्तन लाने की क्षमता रखता है। इसके चलते रेस्पोंसिबल एवं इथिकल एआई जैसे विषय बहुत महत्वपूर्ण और मूल्यवान हो गए हैं।

हाल में कुछ मूल सिद्धांतों की स्थापना की गई है जो रेस्पोंसिबल एआई को परिभाषित करते हैं (जॉबिन एट अल, 2019)। जैसे एआई तत्परता सूचकांक, जो यह आकलन करता है कि देश अब किस हद तक एआई प्रौद्योगिकियों का उपयोग कर रहे हैं, को एक नए उप-सूचकांक को शामिल करने के लिए अद्यतन किया गया है जो रेस्पोंसिबल एआई सिद्धांतों (आईडीआरसी, 2020) को अपनाने के स्तर को मापता है। इन सिद्धांतों को सभी वाणिज्यिक और सार्वजनिक संगठनों से पालन करने की उम्मीद भी की जाती है। वैसे स्वतंत्र निकायों में रेस्पोंसिबल एआई प्रमाणन प्राप्त करने की प्रवृत्ति भी बढ़ रही है। Google जैसी प्रमुख तकनीकी कंपनियां इस क्षेत्र में सर्वोत्तम प्रथाओं को सक्रिय रूप से बढ़ावा दे रही हैं (Google, 2022)।

रेस्पोंसिबल एआई: रेस्पॉन्सिबल एआई एक ऐसा ढांचा है जो कृत्रिम बुद्धिमत्ता के विकास और इसके अनुप्रयोगों को इस तरह से निर्देशित करता है कि वह नैतिक मूल्यों के साथ संरेखित हो, मानवाधिकारों का सम्मान करें और जोखिमों और संभावित नुकसान को कम करते हुए सामाजिक लाभ को अधिकतम करता हो। रेस्पॉन्सिबल एआई के सम्मुचय में सिद्धांतों, प्रथाओं और दिशानिर्देशों का एक सेट शामिल है, जिसका उद्देश्य यह सुनिश्चित करना है कि एआई प्रौद्योगिकी को

जिम्मेदार, पारदर्शी और जवाबदेह तरीके से विकसित और उपयोग किया जाए। रेस्पॉन्सिबल एआई दरअसल एआई सिस्टम के तकनीकी पहलुओं से परे मानव समाज पर एआई के व्यापक प्रभावों को भी संबोधित करता है, जिसमें निष्पक्षता, पारदर्शिता, जवाबदेही और एआई निर्णयों के संभावित परिणामों से संबंधित मुद्दे शामिल हैं। सैद्धांतिक रूप से यह व्यक्तियों, समुदायों और समग्र रूप से समाज पर नकारात्मक प्रभावों से बचने के लिए सक्रिय कदमों की आवश्यकता पर जोर देता है। संक्षेप में, रेस्पॉन्सिबल एआई अनैतिक प्रथाओं, अनपेक्षित परिणामों और संभावित नुकसान से बचने के लिए एआई विकास और अनुप्रयोग के लिए एक नैतिक दिशा-निर्देश के रूप में कार्य करता है।

एथिकल एआई: एथिकल एआई, कृत्रिम बुद्धिमत्ता प्रणालियों के विकास और उपयोग को संदर्भित करता है जो विशिष्ट नैतिक सिद्धांतों और मूल्यों का पालन करते हैं। एथिकल एआई दरअसल नैतिक दर्शन में निहित है जिसमें व्यक्तिगत अधिकार, गोपनीयता, गैर-भेदभाव और पारदर्शिता जैसे सिद्धांत और मूल्य शामिल हैं। सरल शब्दों में एआई के वैध और जायज उपयोग का निर्धारण करने में नैतिक विचारों को मौलिक महत्व देता है। और एआई प्रौद्योगिकियों के निर्माण, तैनाती और उपयोग में शामिल नैतिक विचारों से संबंधित है जिसमे कुछ महत्वपूर्ण बिंदु निम्नलिखित हैं —

- मानव अधिकारों और मूल्यों का सम्मान करने के लिए एआई सिस्टम को कैसे डिज़ाइन किया जा सकता है?
- एआई निर्णय लेने की प्रक्रियाओं को कौन से नैतिक सिद्धांतों का मार्गदर्शन करना चाहिए?
- नैतिक ढाँचे एआई-आधारित व्यवसाय मॉडल को कैसे सूचित कर सकते हैं?

- संगठनात्मक संरचना की एआई परिणामों में निष्पक्षता सुनिश्चित करने में क्या भूमिका है ?
- एआई को जिम्मेदार बनाने के लिए गवर्नेंस के कौन से पहलुओं को शामिल करता है?
- एआई को जिम्मेदार बनाने के लिए किस ऑडिटेबिलिटी तंत्र को लागू करने की आवश्यकता है
- एथिकल सिद्धांतों को सुनिश्चित करने के लिए एआई सिस्टम का परीक्षण कैसे किया जाना चाहिए?

एथिकल एआई से सम्बंधित नैतिक सिद्धांत अक्सर व्यापक रूप से स्वीकृत नैतिक ढांचे और मानवीय मूल्यों से प्राप्त होते हैं। वैसे एथिकल एआई और रिस्पॉन्सिबल एआई में काफी समानताएं हैं लेकिन उनके अलग-अलग फोकस और दायरे हैं। एथिकल एआई मुख्य रूप से उन नैतिक विचारों से संबंधित है जो एआई सिस्टम के डिजाइन और उपयोग को निर्देशित करते हैं। इसका संबंध उन मूलभूत नैतिक सिद्धांतों से है जो एआई प्रौद्योगिकियों को रेखांकित करना चाहिए। दूसरी ओर, रिस्पॉन्सिबल एआई नैतिक सिद्धांतों से परे जाकर एआई के व्यापक सामाजिक और व्यावहारिक निहितार्थों को संबोधित करता है। संक्षेप में, एथिकल एआई सही मूल्यों और सिद्धांतों को परिभाषित करने के बारे में है, जबकि एथिकल एआई उन सिद्धांतों को इस तरह से व्यवहार में लाने के बारे में है जो एआई के जिम्मेदार और नैतिक विकास और तैनाती को सुनिश्चित करता है। उपरोक्त चर्चा से ये स्पष्ट होता है कि एथिकल एआई और रिस्पॉन्सिबल एआई दोनों एक दूसरे से निकटता से जुड़े हुए हैं, एथिकल एआई रिस्पॉन्सिबल एआई के लिए दार्शनिक आधार के रूप में कार्य करता है। एथिकल एआई नैतिक दिशा-निर्देश प्रदान करता

है जो जिम्मेदार और नैतिक तरीके से एआई प्रौद्योगिकियों के विकास, तैनाती और उपयोग का मार्गदर्शन करता है। रिस्पॉन्सिबल एआई एथिकल एआई से प्राप्त नैतिक सिद्धांतों और मूल्यों को लेता है और उन्हें व्यावहारिक दिशानिर्देशों और कार्यों में अनुवादित करता है। यह निष्पक्षता, पारदर्शिता, जवाबदेही और जोखिम न्यूनीकरण के जटिल मुद्दों को संबोधित करता है जो यह सुनिश्चित करने के लिए आवश्यक हैं कि एआई सिस्टम को नैतिक मूल्यों के अनुरूप विकसित और उपयोग किया जाए। संक्षेप में, एथिकल एआई, नैतिक आधार प्रदान करता है, जबकि रिस्पॉन्सिबल एआई व्यवहार में नैतिक एआई को साकार करने के लिए कैसे, व्यावहारिक ढांचा प्रदान करता है।

एथिकल एआई और रिस्पॉन्सिबल एआई के मूलभूत सिद्धांत

एथिकल एआई और रिस्पॉन्सिबल एआई दोनों के लिए एक ठोस आधार प्रदान करने के लिए, प्रासंगिक एवं मूलभूत सिद्धांतों की आवश्यकता है जिनका पालन किया जाना आवश्यक है। ये सिद्धांत एआई विकास और अनुप्रयोग को इस तरह से निर्देशित करते हैं जो नैतिक मूल्यों, मानवाधिकारों और सामाजिक कल्याण का अनुपालन सुनिश्चित करे। कुछ प्रमुख सिद्धांतों में शामिल हैं:

- निष्पक्षता: एआई सिस्टम को निष्पक्ष तरीके से डिजाइन और कार्यान्वित किया जाना चाहिए। यह सुनिश्चित करना आवश्यक है कि एआई सिस्टम नस्ल, लिंग या जातीयता जैसी विशेषताओं के आधार पर किसी भी व्यक्ति या समूह के खिलाफ भेदभाव नहीं करते हैं।
- पारदर्शिता: एआई सिस्टम पारदर्शी होना चाहिए, जिसका अर्थ है कि उनकी निर्णय लेने की प्रक्रिया उपयोगकर्ताओं और हितधारकों के लिए

समझने योग्य और समझाने योग्य होनी चाहिए। यह पारदर्शिता विश्वास पैदा करती है और जवाबदेही की अनुमति देती है।

- जवाबदेही: जिम्मेदारी की स्पष्ट रेखाएं स्थापित की जानी चाहिए, और एआई सिस्टम के निर्णयों के लिए जिम्मेदार लोगों को उनके कार्यों के लिए जवाबदेह ठहराया जाना चाहिए।यह सुनिश्चित करना आवश्यक है कि किसी भी नुकसान के लिए आगे की कार्यवाई के लिए विकल्प उपलब्ध है।
- गोपनीयता एवं सुरक्षा: एआई सिस्टम को व्यक्तियों के गोपनीयता सम्बन्धी अधिकारों का सम्मान करना चाहिए और व्यक्तिगत जानकारी की सुरक्षित हैंडलिंग सुनिश्चित करते हुए डेटा सुरक्षा नियमों का पालन करना चाहिए।
- लाभ: एआई सिस्टम को इसके अनुप्रयोग से मानव समाज को अधिकतम लाभ पहुंचाने के लिए डिज़ाइन किया जाना चाहिए। इस सन्दर्भ में डेवलपर्स को उपयोगकर्ता और सामाजिक कल्याण को प्राथमिकता देनी चाहिए।
- समावेशिता और पहुंच: विविध आबादी की विभिन्न जरूरतों को ध्यान में रखते हुए और सभी व्यक्तियों के लिए पहुंच सुनिश्चित करते हुए, एआई को एक समावेशी दृष्टिकोण के साथ विकसित किया जाना चाहिए।
- नैतिक शासन: निर्णय लेने में नैतिक विचारों को शामिल करते हुए एआई सिस्टम के विकास, तैनाती और उपयोग को निर्देशित करने के लिए नैतिक शासन संरचनाएं और प्रक्रियाएं होनी चाहिए।

- निरंतर सीखना और सुधार: संगठनों को उभरती नैतिक चुनौतियों और सामाजिक परिवर्तनों को संबोधित करने के लिए एआई सिस्टम पर पुनरावृत्ति करते हुए निरंतर सीखने और सुधार के लिए प्रतिबद्ध होना चाहिए।
- जोखिम मूल्यांकन और प्रबंधन: अनपेक्षित परिणामों और नुकसान को रोकने के लिए एआई से जुड़े संभावित जोखिमों की पहचान की जानी चाहिए, उनका मूल्यांकन किया जाना चाहिए और उनके प्रतिकूल प्रभाव कम करने ले लिए अच्छी तरह से प्रबंधित किया जाना चाहिए।

ये सिद्धांत एथिकल एआई और रिस्पॉन्सिबल एआई दोनों के लिए एक मूलभूत ढांचे के रूप में काम कर सकते हैं। सैद्धांतिक ढांचे के रूप में ये हमें एआई प्रौद्योगिकियों को नैतिक मूल्यों और सामाजिक कल्याण के साथ संरेखित तरीके से विकसित और उपयोग सुनश्चित किया जाना में मददगार होंगे। इन सिद्धांतों के व्यवहारिक अनुपाल करने के सन्दर्भ में पाठकों की जानकारी के लिए एथिकल एआई और रिस्पॉन्सिबल एआई की विभिन्न क्षेत्रों में भूमिका पर चर्चा आवश्यक है।

औद्योगिक क्षेत्र: औद्योगिक क्षेत्र में, एथिकल एआई और रिस्पॉन्सिबल एआई की अवधारणाओं को बढ़ावा देने में कंपनियों की महत्वपूर्ण भूमिका है। वे एआई सिस्टम के विकास, तैनाती और रखरखाव के लिए जिम्मेदार हैं, और एआई के नैतिक परिदृश्य को आकार देने में उनके कार्य महत्वपूर्ण हैं। प्रमुख उद्योग भूमिकाओं में शामिल हैं :

- नैतिक दिशानिर्देश: तकनीकी क्षेत्र में कार्यरत कंपनियां एआई विकास और अनुप्रयोग के लिए अपने स्वयं के नैतिक दिशानिर्देश और सिद्धांत स्थापित कर सकती हैं। ये दिशानिर्देश व्यापक सामाजिक मूल्यों और नैतिक मानकों के अनुरूप होने चाहिए।

- पूर्वाग्रह शमन: कंपनियों को अनुसंधान और प्रौद्योगिकियों में निवेश करना चाहिए जो एआई एल्गोरिदम में पूर्वाग्रह की पहचान करते हैं और उसे कम करते हैं, यह सुनिश्चित करते हुए कि उनके सिस्टम यथासंभव निष्पक्ष और पूर्वाग्रह मुक्त है।
- पारदर्शिता: एआई विकास में पारदर्शिता एक मुख्य मूल्य होना चाहिए। कंपनियों को यह समझाने का प्रयास करना चाहिए कि उनके एआई सिस्टम कैसे काम करते हैं, निर्णय कैसे लिए जाते हैं और डेटा को कैसे प्रबंधित किया जाता है।
- नैतिक समीक्षा बोर्ड: संगठनों के भीतर नैतिक समीक्षा बोर्ड या समितियां स्थापित करने से यह सुनिश्चित करने में मदद मिल सकती है कि एआई परियोजनाएं नैतिक जांच से गुजरती हैं और किसी भी संभावित नैतिक मुद्दों का समाधान किया जाता है।
- जिम्मेदार डेटा उपयोग: कंपनियों को सख्त डेटा सुरक्षा और गोपनीयता नीतियों को अपनाना चाहिए, यह सुनिश्चित करते हुए कि व्यक्तिगत डेटा को सुरक्षित रूप से संभाला जाए और जिम्मेदारी से उपयोग किया जाए।
- सहयोग: तकनीकी क्षेत्र में कार्यरत कंपनियां, नैतिक एआई ढांचे को विकसित करने, सर्वोत्तम प्रथाओं को साझा करने और जिम्मेदार एआई पर वैश्विक चर्चा में योगदान करने के लिए विशेषज्ञों, शोधकर्ताओं और नीति निर्माताओं के साथ सहयोग कर सकती हैं।

शिक्षा: औद्योगिक क्षेत्र की भांति शिक्षा भी रिस्पॉन्सिबल और एथिकल एआई को बढ़ावा देने में मौलिक भूमिका निभाती है। यह सुनिश्चित करता है कि एआई

विकास, तैनाती और उपयोग में शामिल व्यक्ति एआई नैतिकता से अच्छी तरह वाकिफ हैं। प्रमुख शैक्षिक भूमिकाओं में शामिल हैं:

- प्रशिक्षण: संगठनों को एआई विकास और तैनाती में शामिल कर्मचारियों के लिए नैतिक प्रशिक्षण प्रदान करना चाहिए। इस प्रशिक्षण में पूर्वाग्रह शमन, निष्पक्षता, पारदर्शिता और गोपनीयता सुरक्षा जैसे विषय शामिल होने चाहिए।
- शिक्षा में नैतिक एआई: एआई नैतिकता को प्राथमिक विद्यालयों से लेकर विश्वविद्यालयों तक सभी स्तरों पर शैक्षिक पाठ्यक्रम में एकीकृत किया जाना चाहिए, जिससे भविष्य में एक ऐसा कार्यबल तैयार किया जा सके जो नैतिक एआई सिद्धांतों के प्रति जागरूक हो।
- सार्वजनिक जागरूकता: सार्वजनिक जागरूकता अभियान व्यक्तियों को एआई की नैतिक चुनौतियों के बारे में सूचित कर सकते हैं और उन्हें एआई के उपयोग के बारे में सूचित निर्णय लेने के लिए सशक्त बना सकते हैं।
- व्यावसायिक संघ: एआई और प्रौद्योगिकी से संबंधित संघ नैतिक मानकों को स्थापित करने, शैक्षिक संसाधनों की पेशकश करने और उद्योग के भीतर नैतिक सर्वोत्तम प्रथाओं को बढ़ावा देने में भूमिका निभा सकते हैं।

अनुसंधान: इसी प्रकार अनुसंधान क्षेत्र को आगे बढ़ाने और एआई से जुड़ी नैतिक चुनौतियों का समाधान करने के लिए एथिकल एआई के विषय पर अनुसंधान आवश्यक है। इस सन्दर्भ में सबसे पहले नैतिक एआई शोधकर्ता एआई सिस्टम में पूर्वाग्रह का पता लगाने और उसे कम करने के लिए तकनीक और उपकरण विकसित कर सकते हैं, जिससे अधिक निष्पक्ष और न्यायसंगत एल्गोरिदम बनाने में मदद मिलेगी। साथ ही आजकल शोधार्थी एक्स्प्लैनेबल

एआई के सिद्धांत को भी महत्त्व दे रहे हैं जिसमे शोधकर्ता एआई सिस्टम को अधिक पारदर्शी और समझाने योग्य बनाने पर काम करते हैं। एक्स्प्लैनेबल एआई के अनुप्रयोग से उपयोगकर्ताओं को यह समझने में मदद मिलेगी कि निर्णय कैसे लिए जाते हैं। इसके साथ एआई शोधकर्ता नैतिक ढाँचे और दिशानिर्देशों के विकास में योगदान कर सकते हैं जो एआई विकास और उपयोग का मार्गदर्शन कर सकते हैं। इसके अलावा एआई अनुप्रयोगों के संभावित सामाजिक परिणामों का मूल्यांकन करने और हितधारकों को सूचित निर्णय लेने में मदद करने के लिए नैतिक प्रभाव आकलन करने की आवश्यकता है।

कार्य करने और सोचने में जिम्मेदार होना: इस खंड में संभावित नकारात्मक पहलुओं पर ध्यान केंद्रित करने वाले परिप्रेक्ष्य के माध्यम से, उपलब्ध शोध परिणामों की समीक्षा की गयी है। यह प्रयास प्रतिकूल परिणामों को कम करने या रोकने के लिए एआई और रणनीतियों के व्यावहारिक कार्यान्वयन की हमारी समझ को बढ़ाने में सहायक होगा। यह एथिकल एआई और रिस्पॉन्सिबल एआई की अवधारणाओं पर प्रकाश डालता है, जिसमें उन विभिन्न तरीकों को रेखांकित किया गया है जिनसे एआई जाने या अनजाने अनपेक्षित परिणाम दे सकता है। इसके अतिरिक्त, यह ऐसी अनेपक्षित घटनाओं को प्रभावी ढंग से कम करने के बारे में भविष्य के अनुसंधान के लिए विकल्पों को भी सुझाव देता है। इस सन्दर्भ में विभिन्न क्षेत्रों के साथ जुड़े नैतिक मुद्दे और समयाओं के साथ सुझावों पर निम्न अनुच्छेदों में चर्चा की गई है -

फेशियल रेकोग्निशन तकनीक और नस्लीय पूर्वाग्रह: चेहरे की पहचान करने वाली तकनीक में नस्लीय पूर्वाग्रह के कई उदाहरण सामने आए हैं, जहां एल्गोरिदम कुछ नस्लीय या जातीय समूहों के व्यक्तियों की गलत पहचान करते हैं। आईबीएम जैसी कंपनियों ने अपने चेहरे की पहचान करने वाले उत्पादों को

बंद करने के लिए कदम उठाए हैं और इस मुद्दे के समाधान के लिए मजबूत विनियमन की वकालत की है। फेशियल रेकोग्निशन तकनीक में साल-दर-साल इसकी सटीकता और कार्यक्षमता में सुधार के बावजूद नस्लीय पूर्वाग्रह के उदाहरणों और गलत परिणाम के परिप्रेक्ष्य में जनता का इसमे भरोसा होना मुश्किल होता जाएगा (लौन्टर, 2020)। स्पष्ट रूप से, ऐसी तकनीक का सफल और व्यापक रूप से अपनाया जाना न केवल चेहरे की पहचानने के लिए प्रयुक्त एल्गोरिदम की सटीकता के साथ साथ जनता के भरोसे पर भी निर्भर करेगा। गेंटजेल (2021) के अनुसार, समस्या के दौरान कानून के समक्ष सबकी समानता जैसे सिद्धांतों को संरक्षित रखा जाना चाहिए। इन समस्याओं और चुनौतियों के मद्देनज़र सबसे पहले उदार लोकतंत्रों में सरकारों द्वारा एफआरटी और अन्य प्रकार की कृत्रिम बुद्धिमत्ता (एआई) को तैनात करने से पहले मशीन पूर्वाग्रह का समाधान किया जाना आवश्यक है।

स्वचालित सामग्री मॉडरेशन: सोशल मीडिया प्लेटफ़ॉर्म टेक्स्ट कंटेंट (सामग्री) मॉडरेशन के लिए एआई का उपयोग किया जा रहा है जिसे एल्गोरिदामिक सेंसरशिप का नाम से जाना जा रहा है। एल्गोरिदामिक सेंसरशिप सामाजिक प्लेटफार्मों को सार्वजनिक और निजी संचार दोनों ही पहलूओं पर अभूतपूर्व नियंत्रण रखने की सुविधा प्रदान कर रही है (कोबे, 2021)। सोसल मीडिया यूजर्स के रोजमर्रा के संचार में व्यावसायिक प्राथमिकताएं शामिल की जा सकती है और कुछ सामाजिक प्लेटफार्मों द्वारा वेब पर अपने प्रभुत्व के कारण, बहुत से लोगों का इस प्रकार के नियंत्रण से बचना मुश्किल हो सकता है। इससे अत्यधिक सेंसरशिप और अभिव्यक्ति की स्वंत्रता के ऊपर प्रतिबंधों जैसी चिंताएं उत्पन्न हो गई हैं। हानिकारक सामग्री को हटाने और अभिव्यक्ति की स्वतंत्रता को संरक्षित करने के बीच सही संतुलन बनाना एक चुनौतीपूर्ण नैतिक दुविधा है।

प्रिडिक्टिव पुलिसिंग: एआई की शाखा विशेष रूप से मशीन लर्निंग ने क्राइम और पुलिसिंग जैसे अनुप्रयोगों में एक बहुमुखी उपकरण के रूप में प्रयोग हो रहा है। इस विषय में अपराधों को प्रिडिक्टि करने और उन्हें रोकने के लिए एआई के उपयोग ने कानून प्रवर्तन के सम्बन्ध में पूर्वाग्रह से जुड़ी चिंताएं बढ़ा दी हैं। इन चिंताओं में मुख्य रूप से पूर्वानुमानों की सटीकता, पूर्वाग्रह की संभावना और परिचालन स्पष्टता की उल्लेखनीय शामिल हैं। आज के समय में, कानून प्रवर्तन के क्षेत्र में मशीन लर्निंग अनुप्रयोगों के संदर्भ में समानता के महत्व के संबंध में और अध्ययन की आवश्यकता है। पिछले अध्ययनों से पता चला है कि मशीन लर्निंग मॉडल, क़ानून और अपराध संबधी कुछ समस्याओं को प्रभावी ढंग से हल कर सकते हैं। हालाँकि, वे अतीत में मनुष्यों द्वारा लिए गए निर्णयों में मौजूद अंतर्निहित पूर्वाग्रहों का निष्पादन करने में सक्षम नहीं हैं। साथ ही दरअसल पूर्वानुमानित पुलिसिंग एल्गोरिदम में असमान प्रभाव पैदा करने और सामाजिक आर्थिक असमानताओं को बढाने की क्षमता है। तकनीकी दृष्टि से इन समस्याओं का कोई रेडीमेड समाधान उपलब्ध नहीं है। कानूनी, राजनीतिक और विधायी प्रक्रियाओं को परस्पर विरोधी प्राथमिकताओं के बीच एक संतोषजनक संतुलन हासिल करना होगा। इस सन्दर्भ में प्रिडिक्टिव पुलिसिंग की हानियाँ और लाभ को समग्र रूप से मूल्यांकन करने के पश्चात यह निर्धारित करने की आवश्यकता है कि प्रौद्योगिकी का प्रिडिक्टिव पुलिसिंग के क्षेत्र में क्या और कैसे उपयोग किया जाए (बर्क, 2021)।

स्वास्थ्य देखभाल: स्वास्थ्य देखभाल में एआई की तैनाती, विशेष रूप से नैदानिक उद्देश्यों के लिए, रोगी के परिणामों में सुधार करने की क्षमता रखती है। हालाँकि, डेटा गोपनीयता, गलत निदान के लिए जवाबदेही और एआई-संचालित स्वास्थ्य सेवा तक असमान पहुंच की संभावना के संबंध में नैतिक विचारों पर

ध्यान दिया जाना चाहिए। एआई अनुप्रयोगों के सन्दर्भ में स्वास्थ्य देखभाल में निष्पक्षता एक बहुआयामी अवधारणा है जिसमें विविध रोगी आबादी के बीच संसाधनों, अवसरों और परिणामों का समान वितरण शामिल है (मर्मोट, 2012)। स्वास्थ्य एवं उपचार सम्बन्धी विविध डेटा का संग्रह और प्रतिनिधि डेटा तैयार करने, एआई क्षमताओं में लगातार सुधार करने, चिकित्सकों और रोगियों को शिक्षित करने और अंतःविषय सहयोग के महत्व पर जोर देने सहित कई कदम उठाए जाने की आवश्यकता है (यूएडा एट अल, 2023)। एआई में निष्पक्षता दरअसल निष्पक्ष एआई के विकास और तैनाती को संदर्भित करती है जो सभी रोगियों को उनकी सामाजिक स्थिति या जातीय मतभेदों की परवाह किए बिना सटीक निदान और उपचार प्रदान करती है। हालाँकि प्रत्येक सर्वोत्तम अभ्यास को अपनाना कठिन होता है लेकिन जैसे-जैसे चिकित्सा क्षेत्र में एआई एकीकरण आगे बढ़ रहा है, ये प्रयास और भी महत्वपूर्ण होते जा रहे हैं। इसके अलावा, एआई तकनीक अभी भी विकसित हो रही है, और स्थिति लगातार बदल रही है, एक के बाद एक नई चुनौतियाँ सामने आ रही हैं। एआई शोधकर्ताओं, एआई डेवलपर्स, नीति निर्माताओं और मरीजों को समान एआई एकीकरण सुनिश्चित करने के लिए एआई को नैदानिक अभ्यास में शामिल करने के लाभों और चुनौतियों पर जोर देते हैं।

स्वनियंत्रित वाहन: स्व-नियंत्रित कारों से सड़क सुरक्षा बढ़ाने की उम्मीद है, लेकिन स्व-नियंत्रित वाहनों का आगमन से बहुत सी नैतिक चिंताओं को को जन्म दे सकता है। जैसे सेल्फ-ड्राइविंग कारों की क्षमताओं पर निर्भरता व्यक्तियों में जोखिम भरे व्यवहार बढ़ा सकती है। ऐसे वाहनों में चल रहे अकेले नाबालिग सीटबेल्ट पहनने जैसे सुरक्षा प्रोटोकॉल की अवहेलना कर सकते हैं। मार्गों और गंतव्यों के संबंध में डिजिटल जानकारी का उपयोग कार उपयोगकर्ताओं तक

वाणिज्यिक और राजनीतिक संदेशों के प्रसारण को सक्षम बनाता है। इससे सड़क परिवहन का सामाजिक-आर्थिक वर्गीकरण भी हो सकता है। वास्तव में, मानवीय कारकों पर सावधानीपूर्वक विचार करना वाहन स्वचालन के सामाजिक लाभों को अधिकतम करने में सहायक होगा(शर्मा एट अल, 2021)। इन सभी तथ्यों और कारकों के अपर्याप्त विश्लेषण से वांछित परिणाम नहीं मिल सकते हैं। उदाहरण के लिए, स्वायत्त वाहनों को दुर्घटना की स्थिति में यात्री सुरक्षा बनाम पैदल यात्री सुरक्षा को कैसे प्राथमिकता देनी चाहिए? वर्जीनिया डिग्नम ने अपनी पुस्तक रिस्पॉन्सिबल आर्टिफिशियल इंटेलिजेंस (2019) में शिक्षाविदों, डेवलपर्स, निर्माताओं, प्रदाताओं, नीति निर्माताओं और उपयोगकर्ताओं सहित कई हितधारकों की जांच की है और दावा किया है कि उनमें से प्रत्येक के अलग-अलग कर्तव्य हैं। मानव कारकों सहित नैतिक चुनौतियों के साथ समग्र परिप्रेक्ष्य के साथ अनुसंधान के प्रयास काफी मदद कर सकते हैं।

समकालीन शोध (थियोडोरो और डिग्नम, 2006; स्मॉल एंड जोलैंड्स, 2006, तरफदार एट अल, 2015; तलवार एट अल, 2019; ओबरमेयर एट एल, 2019 & तरफदार एट अल, 2020) के अनुसार विभिन्न प्रकार की चुनौतियों की एक लम्बी सूची है। इसमे प्रौद्योगिकी के ऊपर बढ़ती निर्भरता और लत, टेक्नोस्ट्रेस , सुरक्षा और गोपनीयता संबंधी चिंताएं, गलत समाचार के फ़ैलाने की संभावना और आधुनिक हथियारों की क्षमता जैसे उदाहरणों ने एआई के संभावित नकारात्मक प्रभावों के बारे में ध्यान आकर्षित किया है। एआई के उपयोग के ऐसे प्रतिकूल परिणामों के साथ-साथ बेहतर एआई संस्थाओं पर नियंत्रण या स्वायत्तता के नुकसान के खतरों ने एआई को प्रभावी ढंग से नियंत्रित करने के लिए सिद्धांतों का एक सेट स्थापित करने की आवश्यकता को रेखांकित किया है। परिणामस्वरूप, एआई को आम तौर पर कैसे विकसित, प्रयोग और

शासित किया जाना चाहिए के बारे में रिस्पॉन्सिबल एआई की धारणा में रुचि बढ़ रही है।

प्रौद्योगिकी में नैतिकता से जुड़े साहित्य की समीक्षा दर्शाती है कि 'जिम्मेदारी' शब्द नैतिक उत्कृष्टता या नैतिक समर्थन से परे अर्थों को भी शामिल करता है। आमतौर पर इसे किसी व्यक्ति या संगठन की नई प्रौद्योगिकियों के विकास की क्षमता सम्बन्धी विशेषता या गुणधर्म के रूप में देखा जा सकता है। कर्स्टन मार्टिन (2019) के अनुसार एल्गोरिदम बनाने वाली कंपनियां उपयोग किए जाने के बाद अपने एल्गोरिदम के लिए किस हद तक जवाबदेह हैं, इस पर भी विचार करना होगा। एथिकल एआई और रिस्पॉन्सिबल एआई की जिम्मेदारी महज एक नैतिक मामला नहीं है और न ही यह अनुमोदन के वांछनीय गुणों और सकारात्मक पहलूओं को अनुमोदित करने तक सीमित है। इस से समबन्धित आवश्यक गुणों को वर्णित करके भी इसे समझना आसान नहीं है। सरल शब्दों में एथिकल एआई और रिस्पॉन्सिबल एआई एआई कृत्रिम बुद्धिमत्ता के नैतिक परिदृश्य को नेविगेट करने में महत्वपूर्ण तत्व हैं। चूंकि एआई सिस्टम हमारे जीवन के विभिन्न पहलुओं का अभिन्न अंग बन गया है, इसलिए यह सुनिश्चित करना आवश्यक है कि इन तकनीकों को निष्पक्ष, जवाबदेह और मानवीय मूल्यों के सम्मान में विकसित और तैनात किया जाए। एआई के जिम्मेदार विकास और उपयोग को निर्देशित करने के लिए नैतिक दिशानिर्देश, सिद्धांत और नियम आवश्यक हैं। आने वाले वर्षों में, प्रौद्योगिकी की प्रगति और नए अनुप्रयोगों के उभरने के साथ-साथ एआई से संबंधित नैतिक विचार विकसित होते रहेंगे। एआई द्वारा प्रस्तुत नैतिक दुविधाओं को दूर करने के लिए सरकारों, उद्योगों, शोधकर्ताओं और समग्र रूप से समाज के बीच निरंतर सहयोग की आवश्यकता है। कृत्रिम बुद्धिमत्ता के लिए संतुलित और नैतिक रूप से सुदृढ़ भविष्य प्राप्त

करने के लिए एथिकल एआई और रिस्पॉन्सिबल एआई आवश्यक घटक हैं। एथिकल एआई और रिस्पॉन्सिबल एआई को बढ़ावा देकर, हम एआई के संभावित जोखिमों और नुकसान को कम करते हुए सभी के लाभ के लिए कृत्रिम बुद्धिमत्ता की परिवर्तनकारी शक्ति का उपयोग कर सकते हैं।

सन्दर्भ सूची

- Alaparthi S. & Mishra M. (2020) Bidirectional Encoder Representations from Transformers (BERT): A Sentiment Analysis Odyssey, 2020 arXiv preprint arXiv:2007.01127

- Alberts I.L., Mercolli L., Pyka T., Prenosil G., Shi K., Rominger A.& Afshar Oromieh A. (2023) Large language models (LLM) and ChatGPT: what will the impact on nuclear medicine be? Eur. J. Nucl. Med. Mol. Imag. PP: 1–4

- Barredo Arrieta, A., Díaz-Rodríguez, N., Del Ser, J., Bennetot, A., Tabik, S., Barbado, A., . . . Herrera, F. (2020). Explainable Artificial Intelligence (XAI): Concepts, taxonomies, opportunities and challenges toward responsible AI. Information Fusion, 58, 82–115. https://doi.org/10.1016/j.inffus.2019.12.012.

- Bellman, R. E. (1978). An Introduction to Artificial Intelligence: Can Computers Think? Boyd & Fraser Publishing Company.

- Berk R. A. (2021.)Annual Review of Criminology Artificial Intelligence, Predictive Policing, and Risk Assessment for Law Enforcement. Annu. Rev. Criminol. 4: pp 209-237.

- Cha, J. The Differences Between Artificial Intelligence and Augmented Intelligence 2019.

- Charniak, E. and McDermott, D. (1985). Introduction to Artificial Intelligence. Addison Wesley Longman Publishing Co.

- Cobbe, J. (2020) Algorithmic Censorship by Social Platforms: Power and Resistance, Philosophy & Technology, Available at SSRN: https://ssrn.com/abstract=3437304 or http://dx.doi.org/10.2139/ssrn.3437304.
- Cremer D. D. and Kasparov G. (2021). AI Should Augment Human Intelligence, Not Replace It. Harward Business Review. https://hbr.org/2021/03/ai-should-augment-human-intelligence-not-replace-it
- Dąbrowska J., Almpanopoulou A. , Brem A. , Chesbrough H. et al. (2022). Digital transformation, for better or worse: a critical multi-level research agenda, R&D Management. https://doi.org/10.1111/radm.12531
- Dahlin E. (2021) Mind the gap! On the future of AI research. Humanities And Social Sciences Communications, 8:71, https://doi.org/10.1057/s41599-021-00750-9.
- Garud, R. and Karunakaran, A. (2018) Process-based ideology of participative experimentation to foster identitychallenging innovations: the case of Gmail and AdSense. Strategic Organization, 16, 3, 273–303.
- Gentzel M. (2021). Biased Face Recognition Technology Used by Government: A Problem for Liberal Democracy, Philosophy & Technology, 34: pp 1639–1663.
- Gold, N.E. Virginia Dignum: Responsible Artificial Intelligence: How to Develop and Use AI in a Responsible Way. Genet Program Evolvable Mach 22, 137–139 (2021). https://doi.org/10.1007/s10710-020-09394-1
- Google (2022) Responsible AI practices. https://ai.google/responsibilities/responsible-ai-practices/

- Haugeland, J. (Ed.). (1985). Artificial Intelligence: The Very Idea. MIT Press.
- IDRC. (2020). 2020 government AI readiness index: Governments must prioritise responsible AI use.
- Jalal, T.D. Distinguishing between Narrow AI, General AI and Super AI 2018. Available online: https: //medium.com/@tjajal/distinguishing-between-narrow-ai-general-ai-and-super-ai-a4bc44172e22
- Jobin, A., Ienca, M., & Vayena, E. (2019). The global landscape of AI ethics guidelines. Nature Machine Intelligence, 1(9), 389–399.
- Kurzweil, R. (1990). The Age of Intelligent Machines, MIT Press.
- Kuziemski M, Misuraca G (2020) AI governance in the public sector: three tales from the frontiers of automated decision-making in democratic settings. Telecommun Policy 44:1–13.
- Lenglet M (2011) Conflicting codes and codings: how algorithmic trading is reshaping financial regulation. Theory Cult Soc 28:44–66.
- Lunter J. (2020) Beating the bias in facial recognition technology. Biometric Technology Today. 2020(9): pp 5–7. doi: 10.1016/S0969-4765(20)30122-3. Epub 2020.
- Marmot M, Allen JJ. Social determinants of health equity. Am J Public Health. 2014 Sep;104 Suppl 4(Suppl 4):S517-9. doi: 10.2105/AJPH.2014.302200.
- Martin K. (2019). Ethical Implications and Accountability of Algorithms Journal of Business Ethics, 160: pp 835–850.

- Mikalef P., Conboy K., Lundström J. E. & Popovič A. (2022) Thinking responsibly about responsible AI and 'the dark side' of AI, European Journal of Information Systems, 31:3, pp: 257-268.
- Mitchell T. M. (2006). The Discipline of Machine Learning, Carnegie Mellon University 5000 Forbes Avenue Pittsburgh, PA 15213.
- Neff, G., & Nagy, P. (2016). Automation, algorithms, and politics: Talking to Bots: Symbiotic agency and the case of Tay. International Journal of Communication, 10(17), 4915–4931. https://ijoc.org/index.php/ijoc/article/view/ 6277/1804.
- OECD (2023), Artificial Intelligence in Science: Challenges, Opportunities and the Future of Research, OECD Publishing, Paris, https://doi.org/10.1787/a8d820bd-en.
- Poole D., Mackworth A.M. & Goebel R. (1998) Computational Intelligence: A Logical Approach, Oxford University Press. ISBN: 978-0-19-510270-3.
- Rich, Elaine and Knight, Kevin. Artificial Intelligence Second Edition. 1991, New York: McGraw-Hill.
- Rodriguez y Baena F, Davies B (2009) Robotic surgery: from autonomous systems to intelligent tools. Robotica 28:163–170.
- Rundle J (2019) Wall Street Braces for Impact of AI. Wall Street J. https://www.wsj. com/articles/wall-street-braces-for-impact-of-ai-11575887402.
- Russell S. J. and Norvig P. (2010) Artificial Intelligence A Modern Approach Third Edition, Pearson Education, Inc.
- Small, B., & Jollands, N. (2006). Technology and ecological economics: Promethean technology, pandorian potential.

Ecological Economics, 56(3), 343–358. https://doi.org/10.1016/j.ecolecon.2005.09.013.

- Sharma S K, Singh S, Panja S C. Human Factors of Vehicle Automation. In: L. Joseph & A K Mondal (Eds,) Autonomous driving and driver assistance system (ADAS), Taylor & Francis Group (CRC Press), Chapter 15, pp 335-358, 2021. https://doi.org/10.1201/9781003048381.
- Sztandar-Sztanderska K, Zielenska M (2020) What makes an ideal unemployed person? Values and norms encapsulated in a computerized profiling tool. Soc Work Soc 18:1–16
- Talwar, S., Dhir, A., Kaur, P., Zafar, N., & Alrasheedy, M. (2019). Why do people share fake news? Associations between the dark side of social media use and fake news sharing behavior. Journal of Retailing and Consumer Services, 51, 72–82. https://doi.org/10.1016/j.jretconser.2019.05.026.
- Tarafdar, M., Maier, C., Laumer, S., & Weitzel, T. (2020). Explaining the link between technostress and technology addiction for social networking sites: A study of distraction as a coping behavior. Information Systems Journal, 30 (1), 96–124. https://doi.org/10.1111/isj.12253.
- Tarafdar, M., Pullins, E. B., & Ragu-Nathan, T. S. (2015). Technostress: Negative effect on performance and possible mitigations. Information Systems Journal, 25(2), 103–132. https://doi.org/10.1111/isj.12042.
- Taye MM. Understanding of Machine Learning with Deep Learning: Architectures, Workflow, Applications and Future Directions. Computers. 2023; 12(5):91. https://doi.org/10.3390/computers12050091.